Sebastian Freudenberger

Einführung in HTML

Praxishilfe für den Unterricht

Aufbau, Programmierung und Veröffentlichung
von Internetseiten in der Sekundarstufe

Mit CD-ROM

Gedruckt auf umweltbewusst gefertigtem, chlorfrei gebleichtem
und alterungsbeständigem Papier.

1. Auflage 2010
Nach den seit 2006 amtlich gültigen Regelungen der deutschen Rechtschreibung
© by Brigg Pädagogik Verlag GmbH, Augsburg
Alle Rechte vorbehalten.
Das Werk und seine Teile sind urheberrechtlich geschützt. Jede Nutzung in anderen als den
gesetzlich zugelassenen Fällen bedarf der vorherigen schriftlichen Einwilligung des Verlages.
Hinweis zu § 52a UrhG: Weder das Werk noch seine Teile dürfen ohne eine solche Einwilligung
eingescannt und in ein Netzwerk eingestellt werden. Dies gilt auch für Intranets von Schulen
und sonstigen Bildungseinrichtungen.

ISBN 978-3-87101-**518**-2   www.brigg-paedagogik.de

Inhaltsverzeichnis

Das Internet	5
Entwicklung des Internets	5
Aufbau des Internets	5
Verwendung von Protokollen und Diensten	7
Aufbau der IP-Adresse	7
Die gebräuchlichsten Dienste im Internet	8

Hilfsmittel zur Erstellung eines Internetauftritts	9
Tutorials	9
HTML-Editoren	9
Programme zur Datenübertragung (FTP)	10

Struktur	11
Allgemeine Strukturbetrachtungen	11
Gesamtstruktur einer Internetseite	12
Struktur der Einzelseiten	14
Einzelseiten mit Frames gestalten	15
Struktur der Homepage	16
Ordner- / Verzeichnisstruktur	17

Layout	18
Allgemeines zum Layout	18
Text	19
Farben	20
Grafiken	21
Navigation und funktionale Seitenelemente	23
Anordnung der Seitenelemente	24

Test und Überarbeitung	26

Veröffentlichung und Dokumentation	28
Speicherplatz für die Webseite (Webspace)	28
Domainname	29
Suchmaschinen	30
Einträge in Suchmaschinen „erstellen"	30
Werbung durch Banner	32
Dokumentation	32

Pflege, Update, Ausbau	33

Was ist HTML?	36

Wie sehen die Steuerungsbefehle in HTML aus?	37

Wie ist ein HTML-Dokument gegliedert?	38

HTML-Grundgerüst

Mit welchen Tags (Befehlen) kann Text formatiert werden?	40

– <h1> – <h6>
– <p>;
– <u>; <i>; <b>
– <center>
– Sonderzeichen; Leerzeichen

Lässt sich Text auch anders formatieren (zum Beispiel vergrößern)?	42

– Attribut: align
– <div>
– <font>; Attribute: size

Wie kann man Texte und den Hintergrund farbig gestalten? 45

– <body>; Attribut: bgcolor
– <font>; Attribut: color
– Hexadezimalcodes

Wie lässt sich die Schriftart verändern? 48

– <font>; Attribut: face

Wie werden Links (Verweise) erstellt? 50

– <a>; Attribute: name, href, target

Wie können Bilder in ein HTML-Dokument eingefügt werden? 53

– <img>; Attribute: src, width, height, border, alt
– Grafiken als Links

Wie lassen sich Inhalte in Form von Listen aufzählen? 55

– <ul>; <ol>; <li>

Wie lassen sich Daten in Tabellen darstellen? 59

– <table>; <tr>; <td>
– Attribute: bgcolor; bordercolor
– Attribute: width, height
– Attribute: align; valign
– Attribute: cellpadding; cellspacing
– Attribute: colspan; rowspan

Literaturverzeichnis 69

Abkürzungsverzeichnis 70

Glossar 72

Das Internet

Entwicklung des Internets

Die Geschichte des Internets beginnt beim US-Militär, genauer dem Department of Defense (DoD). 1969 wurde das ARPANET ins Leben gerufen, um Rechner innerhalb der USA zu vernetzen, da der bis zu diesem Zeitpunkt bestehende Datenaustausch aufgrund der weltpolitischen Lage und Krisen als zu unsicher empfunden wurde. Der so entstehende Rechnerverbund sollte auch bei Teilausfall (Ausfall einzelner Recheneinheiten) eine zuverlässige Kommunikation gewährleisten.

Durch die damals noch sehr geringen Datenübertragungsraten wurden vier Knotenrechner (Knotenpunkte innerhalb des „Netzwerks") erstellt, die per Host-to-host-Protokoll, das für die logische Verbindung zuständig war, vernetzt waren. Dieses Protokoll gilt als erste Form des FTP (file transfer protocoll).

1972 wurde das Netzwerk erstmals der Öffentlichkeit vorgestellt. Bereits sechs Jahre später begann man mit der Entwicklung von TCP/IP. Nach weiteren fünf Jahren wurde das ARPANET vollständig auf TCP/IP umgestellt.

Unabhängig vom ARPANET entwickelte sich ein vorwiegend wissenschaftlich genutztes Netz (Computer Science Network – CSnet). Die Vernetzung dieses Netzes (CSnet) mit dem bereits ausgebauten ARPANET im Jahre 1982 führte zur Etablierung des Internet. Parallel dazu wurde ein Netzverbund, das National Science Foundation Network (NSFnet), von der National Science Foundation erstellt.

1983 wurde ein Teil des ARPANET abgetrennt und zum „militärisch orientierten" MILNET. Durch die Gestaltung eines Netzüberganges vom ARPANET zum NSFnet wurde der bestehende Netzwerkverbund ausgebaut, wobei die NSF-Netzstruktur „die Hauptlast im INTERNET-Verbund" übernahm. Daher wurde im Jahre 1990 das alte ARPANET endgültig aufgelöst.

Das Internet ist, wie Abbildung 1 zeigt, aus den beschriebenen Netzwerken und Netzwerk-

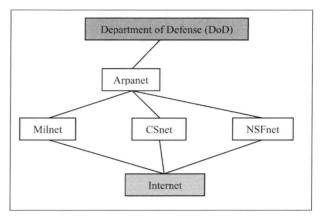

Abb. 1: Bildung des Internets

strukturen entstanden und zu einem globalen, weltumspannenden Informationssystem zusammengewachsen. In dieser Grafik ist im obersten Bereich das DoD als Auftraggeber für die Entwicklung des Arpa-Netzes dargestellt. In zeitlicher Reihenfolge (von oben nach unten) lässt sich die Entwicklung bis hin zum heutigen Internet verfolgen.

Aufbau des Internets

Um die Kommunikation zwischen zwei Computern zu ermöglichen, ist spezielle Software erforderlich, die den Datentransfer steuert. Hierbei spricht man vom Client/Server- Prinzip. Ein Rechner funktioniert als Client (grob gesagt „Empfänger"), der andere als Server („Sender").

Abb. 2 zeigt dieses Prinzip für das Internet. Ein Server bietet Internetdienste an, die dann vom Client in Anspruch genommen werden können.

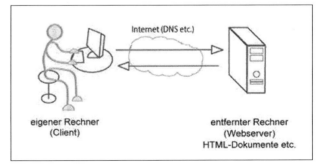

Abb. 2: Das Client/Server-Prinzip

Abbildung 3 stellt schematisch den Internetaufbau dar. Der blau unterlegte Bereich ist „das Internet", in dem die Kommunikation der einzelnen angeschlossenen Rechner per TCP/IP-Protokoll gesteuert wird. Die einzelnen Internet-Server sind durch weltweit verlegte Hauptleitungen verbunden. Auf diese Server haben, wie links dargestellt, Firmennetze per Gateway oder private Nutzer über einen Provider Zugriff, wie rechts zu sehen ist. Die Einwahl ins Internet funktioniert im zweiten Fall zumeist über Modem oder ISDN, inzwischen gibt es aber auch private konstante Leitungen (so genannte „flatrates"; permanente Anbindungen ans Internet).

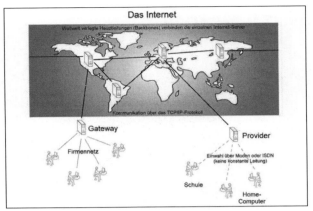

Abb. 3: Internetaufbau

Verwendung von Protokollen und Diensten

Ein Netzwerkprotokoll, und um diese Art des Protokolls handelt es sich hier, ermöglicht die Kommunikation zwischen zwei Rechnern. Befinden sich beide Rechner in demselben Netzwerk, so können sie ungehindert miteinander kommunizieren. Ferner legt das Protokoll die Größe der zu übermittelnden Datenpakete fest, steuert die Übertragung der Daten und zeigt den Verlust von Daten an, falls diese ihr Ziel nicht erreichen. Netzübergreifende Kommunikation wird durch Gateways ermöglicht, die als Vermittlungsstationen zwischen den Netzen fungieren. Die Beendigung der Sitzung wird wie die Initialisierung von einem der beteiligten Rechner eingeleitet und durch den anderen bestätigt. Erst nach der jeweiligen Bestätigung wird eine Verbindung beendet oder kommt diese zustande.

UDP: Das *User Datagram Protocol* steuert den Transport von Daten und ist auf derselben Ebene zu verorten wie das TCP. Das UDP ist jedoch ein ungesichertes Protokoll (es wird nicht überprüft, ob die Daten das Ziel erreichen; somit besitzt es kein „Fehlermanagement"), es ist verbindungslos und kann somit den Datenfluss auch nicht kontrollieren. Darüber hinaus ist die Menge der zu transferierenden Daten begrenzt.

HTTP: Das *HyperText Transfer Protocol* hat die Aufgabe, HTML-Seiten zwischen dem Server und dem Client zu transportieren. Um Daten gesichert zu transferieren, wurde das HTTPS (Secure HTTP) entwickelt.

FTP: Durch das *File Transfer Protocol* hat man die Möglichkeit, unabhängig vom Betriebssystem über TCP-Verbindungen Daten zu übertragen und diese in den jeweils verwendeten Dateiformaten zu speichern.

TCP: Das *Transmission Control Protocol* ist Grundlage für verschiedene Protokolle, so z. B. FTP. TCP ist speziell für Datentransfer, Datenflusssteuerung und Fehlererkennung zuständig.

IP: Das *Internet Protokoll* ist zusammen mit dem TCP für den Datenversand im Internet zuständig; u. a. werden durch das IP die Größe der Daten-Transporteinheiten und deren Aufbau bestimmt. Dabei wird durch die Verwendung von IP-Adressen ermöglicht, sowohl den Absender als auch den Empfänger der Daten eindeutig identifizieren zu können.

DNS: Das *Domain Name System* ist ein Verfahren, um die IP-Adressen der Rechner im Internet in Domainnamen zu „verwandeln". Auf Namens-Servern sind die erforderlichen Daten, IP-Adresse und Domainname gespeichert. Durch diese Server ist es nicht erforderlich, einen Rechner im Internet mit seiner IP-Adresse aufzurufen, sondern man kann auf ihn mittels seines leichter zu merkenden Domainnamens (ergänzt um die Top- Level-Domain) zugreifen.

Aufbau der IP-Adresse

Jeder an das Internet angeschlossene Computer besitzt eine IP-Adresse bzw. bekommt diese beim Einwählen ins Internet vom Provider zugewiesen, um erkannt zu werden und Kommunikation zu ermöglichen. Diese Adresse darf nur genau einmal im gesamten Netzwerk vergeben sein. Die IP-Adresse besteht aus vier dreistelligen Zahlen, die durch Punkte voneinander getrennt sind (z. B. 194.120.12.110). Bei der Eingabe von ein- oder zweistelligen Zahlen werden die restlichen Stellen automatisch ergänzt (mit Nullen aufgefüllt).

Das Ansteuern eines speziellen Rechners über seine IP-Adresse ist aufgrund der verwendeten Zahlencodes kompliziert (für jeden anzusteuernden Rechner muss sich der Benutzer bis zu zwölf Ziffern merken). Um diesen Vorgang zu vereinfachen, wurde der DNS begründet. Der IP-Adresse wird ein Name zugeordnet, wobei diese Zuordnung auf den DNS-Servern gespeichert wird (z. B. 194.120.12.110 – *www. bundestag.de*). Durch die Namensvergabe soll die Anwahl der jeweiligen Adresse vereinfacht werden; welcher Benutzer will sich schon 12-stellige Zahlencodes merken, um eine Internet-Präsenz aufsuchen zu können?

Die DNS-Adresse wiederum setzt sich aus mindestens drei Komponenten zusammen: Servername.(Subdomain). Domainname.Top-Level-Domain. Der Servername gibt den Rechner in seiner Funktion an; in www.bundestag. de handelt es sich beispielsweise um einen Rechner, der die Webseiten des Bundestages enthält. Der Domainname ist der eigentliche Name; hier z. B. bundestag(.de). Die Subdomain ist fakultativ anzugeben und stellt eine weitere Untergliederung dar; z. B. *www.pressestelle.bundestag.de* und *www.archiv.bundestag.de*. Die Top-Level-Domain bezeichnet beispielsweise das Land, aber auch den Bereich (Verwendungszweck), in dem der Rechner registriert ist (.de steht für Deutschland; .tv für Television).

Die gebräuchlichsten Dienste im Internet

WWW: Das Web (neben der Bezeichnung WWW die häufigste Kurzform von: World Wide Web) ist einer der Internetdienste, die heute am stärksten Verwendung finden. Dieser Dienst basiert auf Texten und Dokumenten, die miteinander durch Links verknüpft sind (Hypertext).

Der Physiker Berners-Lee entwickelte 1989 ein Hypertextsystem, um Informationen für die Forschungsgemeinschaft zur Verfügung zu stellen. Seine Idee zeichnete sich durch drei besondere Merkmale aus: den angeschlossenen Rechnern wurden einheitlich Adressen vergeben; es gab ein gemeinsames Protokoll, um die Übertragung zu ermöglichen; und die Daten konnten mit einer einheitlichen Sprache codiert werden. Das entstandene Netz bestand aus einem Server und Clients, die die Daten des Servers abrufen konnten. Berners-Lee und sein Partner, Mike Sendall, tauften das Projekt „Worldwideweb". Durch die Entwicklung von Clients für verschiedene Computersysteme verbreitete sich das WWW schnell.

E-Mail: Das Versenden von E-Mails (Electronic Mails; dt. elektronische Post) ermöglicht den Austausch schriftlicher Nachrichten nahezu ohne zeitliche Verzögerung. Innerhalb von Minuten kann man eine Person auf der anderen Seite der Welt erreichen. Wie bei der analogen Post sind die E-Mails aus einer Adresse (E-Mail-Adresse; z. B. *horst.koehler@bundestag.de*), einem Absender (in Form der eigenen E-Mail-Adresse und weiterer Angaben), einem Betreff und dem Inhalt zusammengesetzt.

FTP: FTP bezeichnet zugleich das Protokoll und den damit verbundenen Dienst, Daten im Netz(-werk) von einem auf den anderen Rechner zu übertragen. Mithilfe von Anonymus FTP-Servern werden im Internet „immense Mengen" verschiedenster Daten zum Download und somit zur Verfügung gestellt. Dabei ist zur Anmeldung beim Server kein spezielles Passwort erforderlich (anonyme Anmeldung). Der Client fragt den Server über die erstellte Verbindung an und übersendet ihm die Kommandos für die erwünschten Aktionen; z. B. das *Abholen von Dateien* eines bestimmten *Datentyps*.

Hilfsmittel zur Erstellung eines Internetauftritts

Tutorials

HTML-Tutorials sind Einführungen in die Grundlagen von HTML. Diese Sammlungen von HTML-Befehlen (auch „Tags" genannt) sollen einen grundlegenden Überblick über die Struktur und die Möglichkeiten der HTML-Programmierung bieten. Zumeist ist durch ein Glossar das Nachschlagen einzelner Tags möglich, sodass sich Tutorials dazu eignen, Programmierkenntnisse zu erweitern, in Zweifelsfällen herauszufinden, mit welchem Befehl man was erzeugt, oder sich gezielt und schnell zu informieren.

SelfHTML von Stefan Münz ist ein solches kostenloses Tutorial, das im Internet (www. selfhtml.org) online eingesehen, aber auch gedownloadet werden kann. Es zeichnet sich bei aller Einfachheit durch umfassende Inhalte aus und geht neben HTML auch auf CCS, JavaScript, Dynamisches HTML, CGI und PHP ein.

Ein weiterer Vorteil ist, dass die Steuerungsbefehle durch Anwendungsbeispiele verdeutlicht und somit anschaulich werden. Es ist zugleich möglich, diese fertigen Quelltextpassagen zu kopieren und in die eigene Programmierung zu übernehmen. Sehr angenehm ist weiterhin die vielseitige Verlinkung innerhalb des Tutorials, sodass man auf ähnliche und weiterführende Inhalte hingewiesen wird, was das Spektrum der eigenen Umsetzungsmöglichkeiten enorm steigert.

HTML-Editoren

Grundsätzlich unterscheidet man zwei Arten von HTML-Editoren: WYSIWYG („What you see is what you get") und quelltextbasierte Editoren. Die erste Sorte zeichnet sich dadurch aus, dass es keinerlei oder nur geringer HTML-Kenntnisse bedarf, um mit ihnen arbeiten zu können. Per „drag and drop"-Funktion zieht der Benutzer Elemente, die er einbauen möchte, an die Stelle, an der sie später erscheinen sollen. Das Programm erstellt dann im Hintergrund den dazu benötigten HTML-Quelltext. Manche Programme dieser Sorte (z. B. Netobjects fusion) beinhalten auch die Möglichkeit,

sich eine Gesamtstruktur erstellen zu lassen (insbesondere: interne Verlinkung), oder auch eine FTP-Funktion, mit der die Daten auf den Server automatisch hochgeladen werden können. Durch vorgefertigte Layout-Vorlagen können Ideen schnell umgesetzt und im Internet publiziert werden, was vor allem für Anfänger, die sich nicht die Mühe machen wollen, erst noch Programmieren zu lernen, ein Anreiz ist.

Problematisch wird es jedoch, wenn man versucht, kompliziertere Sachverhalte als nur das Einbringen von Text oder Bildern, beispielsweise ein Gästebuch oder ein interaktives Diskussionsforum, zu gestalten. Hierzu sind derlei Programme nicht in der Lage. Des Weiteren lässt sich auf die Gestaltung des Quelltextes in nur sehr geringem Maße Einfluss nehmen, was z. B. die Realisierung ungewöhnlicher Formatierungswünsche verhindert. Will man etwas am Quelltext ändern oder diesen ergänzen, ist es notwendig, sich mit HTML-Programmierung auszukennen. Die hier beschriebenen Programme erzeugen meist einen unübersichtlichen, viel zu komplizierten und den HTML-Standards nicht entsprechenden Code. Dies erschwert zum einen die Überarbeitung und macht zum anderen, je nach benutztem Browser und System, Probleme bei der Darstellung bzw. die Umsetzung mancher Features unmöglich. Außerdem besteht meist ein Unterschied zwischen dem, was der Benutzer eines Editors auf dem Bildschirm sieht, und dem, was später vom Browser angezeigt wird.

Quelltextbasiert zu arbeiten bedeutet hingegen, dass man die Gesamtstruktur und alle damit verbundenen Aspekte (Verlinkung, Verzeichnisstruktur u. a.) selbst erzeugen muss. Ferner ist es erforderlich, über fundierte HTML-Kenntnisse zu verfügen. Als vorteilhaft ist zu bemerken, dass man stärkere Kontrolle über den Ablauf der Quelltexterzeugung hat und so jederzeit die Auswirkung von Änderungen im Browser überprüfen bzw. Fehler im Quelltext suchen und beheben kann. Ein weiterer Vorteil liegt darin, dass man, wenn man HTML beherrscht, fertig zur Verfügung stehende Quelltextpassagen einbauen und variieren kann, um die Arbeit zu beschleunigen.

Als HTML-Editor bietet sich Phase 5 von Ulli Meybohm (kostenloser Download unter www.phase5.info) an, da er dem Benutzer ermöglicht, fertige Bausteine (beispielsweise das Gerüst einer Tabelle) in den Quelltext einzubauen. Diese müssen dann nur noch mit den gewünschten Inhalten ergänzt werden. Das Programm ist einfach zu bedienen und übersichtlich gegliedert. Es bietet die Möglichkeit, alle notwendigen Tags per Klick einzufügen sowie ein HTML-Grundgerüst und weitere HTML-Bestandteile.

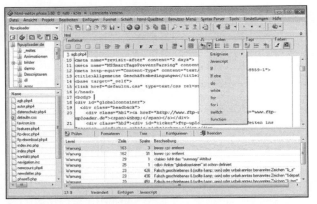

Abb. 4: Screenshot des Programms Phase 5 – Version 5.6

Für das Erlernen der Tags ist es jedoch besser, zunächst komplett auf die Verwendung eines HTML-Editors zu verzichten. Zu einem späteren Zeitpunkt kann die Verwendung eine sinnvolle Ergänzung sein, um Programmierarbeit und -zeit zu sparen.

Programme zur Datenübertragung (FTP)

Hinter dem Kürzel FTP steckt der Gedanke, zwischen zwei voneinander entfernten Rechnern, unabhängig vom Betriebssystem, Daten austauschen und übertragen zu können. Für diesen Transfer muss es dem Client (lokaler Rechner) ermöglicht werden, auf den Server (Rechner, der Daten im Internet bereithält) zuzugreifen und die Daten in das erforderliche Format zu verwandeln. An dieser Stelle ist jedoch nicht das Protokoll, sondern der damit verbundene Dienst gemeint, Daten im Netz zu übertragen.

Durch ein FTP-Programm wird der Client in die Lage versetzt, den Server zu steuern und so den Datentransfer vorzubereiten und zu kontrollieren. Aufgrund verschiedener Betriebssysteme und Hardware ist es erforderlich, die zu übertragenden Daten spezifisch zu codieren. Dabei bestehen zwei Möglichkeiten: der ASCII-Code (American Standard Code for Information Interchange) und binäre Verschlüsselung. ASCII wird beispielsweise für die Übertragung von Textdateien verwendet, um deren Formatierungen zu erhalten, wohingegen binäre Codierung beispielsweise beim Transfer von ZIP-Dateien zum Einsatz kommt.

Speziell für Windows wurde das Programm WS_FTP Lite von Ipswitch entwickelt, das durch seine einfache Bedienung und umfassenden Optionen besticht. Es lassen sich mühelos Daten sowohl vom eigenen Rechner auf den Server kopieren oder schieben als auch vom Server auf den eigenen Rechner kopieren oder verschieben. Auf der Seite von www.chip.de (WS_FTP Lite) steht ein kostenloser Downloadservice zur Verfügung. Die Vollversion von Ws-Ftp schlägt jedoch mit ca. 55,- € zu Buche.

Es geht aber auch ganz ohne zusätzliches Programm. Der InternetExplorer (6.x) bietet die Möglichkeit, Ftp-Verzeichnisse im Internet direkt aufzurufen, um Daten hochzuladen. Einfach den gewünschten Ftp-Server in der Adressleiste des Browsers angeben (z.B. *http://ftp.meine-website.de*), Benutzernamen und Passwort in die Formularfelder eintragen und schon lassen sich die Daten übermitteln (uploaden).

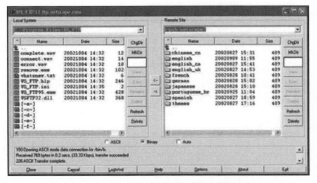

Abb. 5: Screenshot des Programms Ws_Ftp Lite

Struktur

Allgemeine Strukturbetrachtungen

Ohne Strukturen geht man verloren! Dies gilt insbesondere für die Informationssuche im Internet. Eine klare Strukturierung sorgt für Übersicht und Komfort für den Benutzer. Der Gebrauch einer Webseite wird ohne die notwendigen Strukturen zum ermüdenden Suchspiel.

Doch nicht nur der Besucher einer Webseite ist auf Strukturen angewiesen, sondern auch die „Macher". Für Erweiterungen und die Pflege der Seite sind Ordnung und das schnelle Auffinden der Dateien eine Grundvoraussetzung, um Zeit zu sparen.

Die Inhalte für einen Internetauftritt sollten übersichtlich strukturiert werden, um Besuchern der Webseite die Informationssuche zu vereinfachen. Ferner sollte die Seite durch eine klare Struktur benutzerfreundlich gestaltet werden, damit sie erneut besucht wird. Sich im Netz zu verlieren („lost in cyberspace") ist deprimierend – benutzerunfreundliche Seiten werden nicht gern aufgesucht.

Für die Gestaltung einer jeden Internetseite und jeder ihrer Einzelseiten gelten folgende Grundsätze:

1. Wer stellt sich und/oder die Inhalte dar?

Jederzeit sollte erkenntlich sein, worum und um wen es sich bei der Internetpräsenz handelt, damit der Benutzer weiß, wo er sich gerade im Netz befindet. Eine kurze Information kann auch in die Titelzeile des Browsers eingebaut werden.

2. Lesen am Bildschirm ermüdet

Um den Benutzer nicht abzuschrecken, sollten die Texte kurz, prägnant und präzise sein. Bei längeren Texten hat man die Möglichkeit, eine Download-Version zur Verfügung zu stellen.

3. Inhalte übersichtlich strukturieren

Durch Unterteilung der Informationen in „gut lesbare, kurze Abschnitte" gewinnt der Internetauftritt an Übersichtlichkeit. Texte lassen sich durch Zwischenüberschriften oder auch durch Tabellen gliedern.

4. Eine klare Navigation erzeugen

Das Design der Navigationselemente sollte zumindest bei zusammengehörigen Teilen des Internetauftritts gleich sein. Standardbefehle, wie „weiterblättern" oder „nach oben springen", vereinfachen es dem Benutzer, sich auf der Seite zu orientieren.

Der Orientierung und gezielten Bewegung innerhalb des Internetauftritts stehen „Sackgassen" (der Benutzer kommt nur über den „Zurück"-Button des Browsers zurück) oder fehlerhafte Links entgegen. Daher ist eine ständige Kontrolle ein wichtiger Aspekt bei der Sicherstellung einer funktionierenden Navigation.

5. Orientierungspunkte in jedem Fenster setzen

Bei Inhalten, die sich über mehrere Seiten erstrecken und/oder hierarchisch gegliedert sind, ist eine zusätzliche Orientierungshilfe durch das Setzen von „zentralen Einsprungmarken" notwendig. Benutzer brauchen Orientierungspunkte, wie z. B. den Zugriff auf eine Inhaltsübersicht (Index) oder die Möglichkeit, zum Startbereich des jeweiligen Themas zu gelangen.

6. Schneller Zugriff auf gesuchte Informationen

Die Struktur des Internetauftritts und die damit verbundene Navigation sollten möglichst transparent sein und den Benutzer so schnell wie möglich zu den gewünschten Informationen führen. Nur selten sind Benutzer bereit, sich durch mehrere Seiten zu klicken, bevor sie die gesuchte Information finden.

7. Funktionalität von Links sichern

Alle Links und Navigationselemente sollten (regelmäßig) auf ihre Funktionstüchtigkeit hin überprüft werden. Mit der Seite noch nicht vertraute Personen können die Benutzerfreundlichkeit am besten beurteilen.

Gesamtstruktur einer Internetseite

Bei der Gesamtstruktur handelt es sich um die Strukturierung des gesamten Inhalts des Internetauftritts mit Fensterstruktur ist der Aufbau des jeweiligen Fensters (der jeweiligen Einzelseite) gemeint. Die Gesamtstruktur wird meist durch Strukturpläne veranschaulicht, welche auch „Metaphern" genannt werden.

Um zu einer Struktur zu gelangen, müssen die Informationen zunächst in logische Einheiten gegliedert werden, die separat für sich stehen können. So entstehende Themenschwerpunkte können (dann) noch weiter untergliedert werden. Die Informationen sollten hierarchisch nach ihrer Wichtigkeit angeordnet werden, wobei die oberste Hierarchieebene aus maximal sieben Themen (Items) bestehen sollte, da sich der Benutzer kaum mehr als sieben Informationseinheiten merken kann. Durch die Hierarchie sind die Relationen (Verbindungen/Verlinkung) zwischen den einzelnen Themen und Unterbereichen strukturierbar, wobei Hauptpunkte stets erreichbar sein sollten.

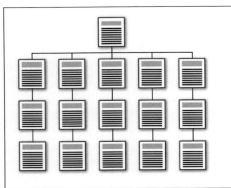

Bei der einfachsten Baummetapher verzweigen sich die Inhaltsschwerpunkte aus der Indexseite. Diese schematische Darstellung erscheint innerhalb der einzelnen Themenschwerpunkte sehr linear und es fehlen Querverbindungen. Die hierarchische Struktur von Webseiten erlaubt mehrere Ebenen bzw. parallele Informationseinheiten.

Durch das weitere Untergliedern der dargestellten Themen entsteht eine komplexere Baumstruktur, bei der die für Internetauftritte typische Linearität teilweise aufgelöst ist: Einzelne Seiten können mehrere Folgeseiten aufweisen – dadurch wird die Hierarchie deutlich flexibler.

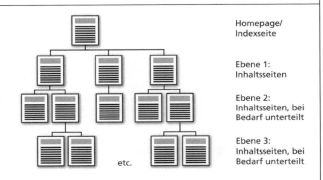

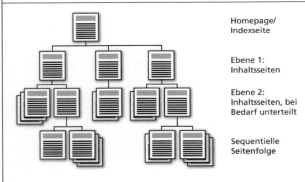

Auf unteren Ebenen lassen sich umfangreiche Inhalte wie in einem Buch gliedern. Daraus ergibt sich eine Kombination aus der Baum- und der Buchmetapher (lineare Gliederung aufeinanderfolgender Seiten wie in einem Buch), wie sie links dargestellt wird. Die einzelnen Seiten lassen sich mit Querverbindungen untereinander verlinken, sodass man gezielt auf ein tieferliegendes Level zugreifen kann.

Grundsätzlich gilt: Mit höchstens drei bis vier Klicks mit der Maus sollte man an eine spezifische Information gelangen können! Und: Eine Struktur, die sich nicht am Inhalt orientiert, ist wertlos und führt meist (für den Benutzer) zu Problemen. Bereits beim Erstellen des Strukturplanes ist zu bedenken, an welchen Stellen sich Erweiterungen eingliedern lassen.

Neben den Benutzern benötigen auch diejenigen, die den Internetauftritt warten und pflegen, eine überschaubare Struktur als Orientierung, um sich zurechtzufinden und zu wissen, wo sie neue Inhalte einfügen können.

Voraussetzung für die Strukturierung der Navigation ist die Erstellung eines vollständigen Strukturmodells (schematischer Aufbau aller Teile der Webseite). Aus einem solchen Modell lässt sich eine sinnvolle Navigation ableiten.
Die Navigation soll den Benutzer durch die Seite führen und Orientierung bieten. Daher steht sie in direktem Zusammenhang zum Inhalt und zur Gesamtstruktur. Zu Beginn der Navigationsplanung sollte man Haupt- und Unterrubriken benennen und ihre Reihenfolge festlegen. Das hieraus entstehende Funktionsmodell ermöglicht es, die Navigationsstruktur zu programmieren.

Dabei sind folgende Aspekte zu berücksichtigen:

> Wie oft muss der Benutzer klicken, um zu gesuchten Inhalten zu kommen? Findet er den Weg zurück, ohne auf den „Zurück"-Schalter des Browsers zurückzugreifen? Auf welchen Seiten müssen Folgeseiten eingeplant werden? Wie tief muss die Unternavigation verschachtelt werden? Ab welcher Verschachtelungstiefe wird die Navigation so unübersichtlich, dass das Schema gewechselt werden muss?

In besonderem Maße ist darauf zu achten, dass durch die Navigation keine „Sackgassen" entstehen. Es gibt zwei Typen: lineare (ein Benutzer kommt aus einer Seite nicht wieder heraus, ohne den „Zurück"-Schalter des Browsers zu benutzen) und vertikale (ein Benutzer kann nur an den Seitenanfang gelangen, indem er scrollt) Sackgassen. In beiden Fällen kann man durch sogenannte „Sprungmarken" Abhilfe schaffen. Durch diese eingebrachten Links kann man die Benutzer an den Anfang einer jeden Rubrik oder an den jeweiligen Seitenanfang zurückführen („nach oben"). Sprungmarken können auch als Ziele innerhalb eines Textes fungieren, den man mit einem Index versehen hat (ein im Index ausgewählter Inhalt wird sofort im Zusammenhang des Fließtextes dargestellt). In manchen Fällen ist es auch sinnvoll, über die Verweise innerhalb des Textes oder die Rubrik hinaus, direkt aus dem Text auf projektfremde Seiten im Internet zu verweisen. Dazu können Wörter aus dem Text als Link verwendet werden (beispielsweise der Verweis auf eine im Text erwähnte Firma).

Struktur der Einzelseiten

Die Anordnung der einzelnen Elemente im jeweiligen Fenster ist eigentlich eine Frage des Layouts, die in einem gesonderten Kapitel (vgl. Layout – Anordnung der Seitenelemente) ausführlich angesprochen werden soll. Doch auch dem Layout liegen Strukturen zugrunde, die hier separat angeführt werden.

So ist zu überdenken, ob und wie die Navigation in die Einzelseite eingebunden werden soll. Je nach der inhaltlichen Struktur kann es erforderlich sein, die Navigationsleiste präsent zu haben. In Fällen, in denen z. B. jegliches Ziel eines Links im selben Browserfenster geöffnet wird, muss klar sein, wie man zu vorherigen Inhalten zurückgelangen kann. Wird ein Inhalt in einem separaten Fenster geöffnet, so kann nach dem Schließen dieses neuen Fensters an der Stelle fortgefahren werden, an der man sich zuvor befand.

Texte sollten grundsätzlich kurz und prägnant gehalten werden, um die Benutzer nicht durch langes Lesen am Bildschirm zu ermüden. Überschriften und Zwischenüberschriften sowie Absätze gliedern den Text und erhöhen die Lesbarkeit. Bei längeren Texten ist es sinnvoll, eine druckbare Version bereitzuhalten, die heruntergeladen und dann „offline" gelesen werden kann. Der Benutzer überfliegt im Netz den Text und kann ihn, je nach Interessenlage, ausdrucken. Hierbei ist PDF ein gängiges Format, bei dem die Darstellung auf dem Bildschirm dem späteren Ausdruck entspricht.

Ein besonderes Problem, das sich bei zu langen Seiten stellt, ist der Eisberg-Effekt.

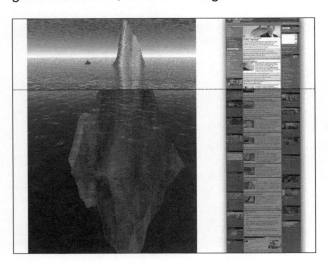

Der Hauptteil der Informationen verschwindet unterhalb der Bildschirmgrenze. Nur durch Scrollen ist es dem Benutzer möglich, die verborgenen Informationen zu finden. Auf diese Weise können wichtige Inhalte verloren gehen. Was wichtig ist und wahrgenommen werden soll, darf also nicht unter dem Bildschirmrand verschwinden.

Wie im Falle eines Eisbergs, bei dem der Bereich unterhalb der Wasserlinie verdeckt und somit nicht sichtbar ist, so ist die Ansicht der Webseite in der Browserdarstellung eingeschränkt. Der grau unterlegte Bereich liegt außerhalb des Blickfeldes des Webseitennutzers und kann nur durch Scrollen erreicht werden.

Eine Lösung für das dargestellte Problem wäre, die Inhalte auf mehrere Seiten zu verteilen (so genanntes „paging") und so dafür zu sorgen, dass alle Informationen „im Blick" behalten werden können.
Auf diese Weise werden lange Texte besser durchgliedert, aber der Komfort, beispielsweise beim Ausdrucken oder Laden der Seiten (viele Ladevorgänge), geht verloren.

Zusätzliche Orientierung lässt sich erzeugen, indem man kurze Absätze wählt, um so immer eine Überschrift oder Zwischenüberschrift vor Augen zu haben. Die Ausrichtung grafischer Elemente sollte gleichmäßig sein, um nicht von den Inhalten abzulenken. Auch durch Tabellen lassen sich Inhalte strukturiert darstellen, indem sie ein Raster bilden, an dem sich die Gestaltung der einzelnen Seitenkomponenten ausrichten kann.

Durch lange Wartezeiten beim Seitenaufbau ist es möglich, dass der Surfer von anderen Angeboten abgelenkt wird und so die Webseite verlässt. Auch in Zeiten von ISDN und DSL sollten Webseiten so gestaltet sein, dass ein zügiger Seitenaufbau im Browser gewährleistet ist. Der Benutzer kann sich besser auf die Inhalte konzentrieren, wenn der Seitenaufbau schnell verläuft und somit Informationen zügig auffindbar sind.

Einzelseiten mit Frames gestalten

Weiterhin ist bei der Erstellung einer Webseite zu entscheiden, ob man die Strukturierung der Einzelseiten über Frames gestalten will. Mithilfe von Frames (Rahmen) lässt sich der Bildschirm in verschiedene Sektionen einteilen, die einzeln gestaltet werden können. Je nach Strukturierung der Inhalte kann es vorteilhaft sein, in bestimmten Bereichen der Webseite einen Teil des Fensters fixiert zu haben (z. B. um an dieser Stelle eine immer präsente Navigationsleiste zu erzeugen, die nicht mitscrollt). Durch Scrollen verschieben sich die Inhalte nur in dem Teil, in dem man sich aktuell aufhält. Dadurch befindet sich die Navigation in einem zweiten, jederzeit sichtbaren Frame.

An anderen Stellen kann eine solche Teilung des Bildschirms hinderlich sein. Bildlaufleisten stören die angestrebte Übersichtlichkeit der Seite. Daher ist die Anzahl der Elemente in einem Navigationsframe gering zu halten, um das Erscheinen von Bildlaufleisten zu vermeiden.

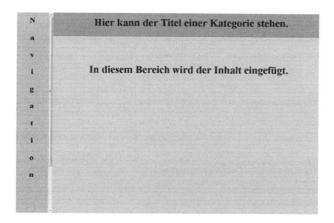

Browseransicht mit Bildlaufleisten   Browseransicht ohne Bildlaufleisten

Durch die Verwendung von Frames entstehen ferner mehr Dateien als bei der Erstellung von Einzelseiten ohne Frames (pro Frameset mindestens drei zusätzliche). Außerdem können nicht alle Suchmaschinen die Inhalte von Framesets und deren Folgeseiten als Ergebnisse aufnehmen. Ein weiterer Nachteil besteht darin, dass ältere Browser Frames nicht verarbeiten können und somit die Seite nicht anzeigen. Eine Alternative wäre, die gesamte Seite als framelose Version zu spiegeln, wobei der Aufwand für die Erstellung und Pflege jeglichen Rahmen sprengt (die sonst durch Frames erzeugte Struktur muss in diesem Fall durch Tabellen erzeugt werden, was wesentlich aufwändiger ist). Weitere Schwierigkeiten entstehen, wenn man eine aus Frames bestehende Seite als Favoriten kennzeichnen will (Bookmark-Funktion). Darüber hinaus ist auch das Drucken einer in Frames unterteilten Seite oft kompliziert, da die einzelnen Druckbereiche vom Benutzer festgelegt werden müssen. Zudem geht bei geringer Auflösung die Übersichtlichkeit der Bildschirmdarstellung schnell verloren (und dies steht genau im Gegensatz zu dem, was durch Frames erreicht werden soll). Des Weiteren kann sich die Ladezeit der angezeigten Seite durch Frames erhöhen.

Eine ausführliche Anleitung, wie man Frames gestalten kann, sowie leicht verständliche Anwendungsbeispiele findet man im Tutorial „SelfHTML" unter www.selfhtml.org.

Struktur der Homepage

Bei der „Homepage" handelt es sich um die „Startseite" einer Internetseite und nicht die gesamte Seite, wie dies umgangssprachlich immer wieder falsch verwendet wird. Eine besondere Herausforderung stellt die Strukturierung der Homepage dar. Durch sie soll die Aufmerksamkeit des Surfers auf die Webseite gelenkt und Interesse an den Inhalten geweckt werden. Sie dient, da sie zumeist als erstes betrachtet wird, somit als „Aushängeschild" des gesamten Web-Auftritts.

Anforderungen an die Strukturierung der Homepage („Startseite"):

- **Thematisch gegliederte Übersicht**
  Die Strukturierung des Web-Auftritts sollte für den Benutzer bereits auf der Homepage verdeutlicht werden.

- **Klare Bezeichnung der Links**
  Die interne Verlinkung von der Homepage aus sollte der hierarchisch gegliederten Strukturierung folgen und durch ihre Bezeichnung logisch assoziative Verknüpfungen darstellen.

- **Suchfunktion**
  Der Benutzer kann ein Stichwort eingeben, nach dem die Webseite durchsucht wird. Er wird dann automatisch auf die Fundstelle(n) verwiesen.

- **Hilfefunktion**
  Der Benutzer kann sich Hilfethemen bei Problemen im Umgang mit der Webseite (Navigation o. ä.) anzeigen lassen.

- **Möglichkeit, Rückmeldungen abzugeben**

- **Schlagworte im Metatag vermerken**
  (vgl. Veröffentlichung und Dokumentation – Suchmaschinen)

- **7 ± 2 informationstragende Elemente / Reduzierung der Inhalte auf ein nötiges Minimum**
  Zuviel Information auf der ersten Seite schreckt den Benutzer vom Weitersurfen auf dieser Webseite ab. Darüber hinaus ist unser Kurzzeitgedächtnis nur in der Lage, sieben plus / minus zwei Elemente zu speichern.

- **Beschränkung der Darstellung auf eine Bildschirmseite**
  Dies erfordert eine kurze, prägnante Verwendung von Text.

- **An der Corporate Identity ausgerichtetes, einheitliches Layout und Farbkonzept**
  Layout und Farbkonzept der Homepage sollten mit dem Rest der Seite übereinstimmen. Durch das Einbringen eines Logos auf allen Seiten des Web-Auftritts erhöht sich der Wiedererkennungswert (vgl. Layout).

- **Gleiche Positionierung der Navigationselemente auf allen Seiten**
  Um Irritationen und Schwierigkeiten bei der Navigation zu vermeiden, sollte auf eine einheitliche Gestaltung der Navigation (welche die Homepage einschließt) geachtet werden (vgl. Layout – Anordnung der Seitenelemente).

- **Keine aufwändigen Hintergründe oder schmückende Grafiken**
  Durch lange Ladezeiten der Homepage wird der Benutzer eher dazu neigen, auf andere Angebote im Netz auszuweichen (vgl. Layout – Text).

- **Durchgängige Verwendung einer minimalen Zahl von selbsterklärenden Icons**
  Durch zu viele Symbole oder das Auftreten ständig anderer, neuer Symbole wird der Benutzer verunsichert, die Übersichtlichkeit geht verloren. Des Weiteren sollten die verwendeten Symbole (von selbst) verständlich sein und nicht zuvor eine kryptologische Interpretation erfordern; z. B. ein Haus, das als Link zur Homepage zurückführt oder ein amerikanischer Briefkasten als Symbol für die Kontaktaufnahme.

Ordner- / Verzeichnisstruktur

Bereits zu Beginn der Erstellung einer Internetpräsenz muss die spätere Aktualisierung und Wartung bedacht werden. Daher ist es unerlässlich, die vielen erzeugten Dateien (HTML, PHP, Grafiken u. a.) in einem logischen Ablagesystem zu verwalten. Die Ablage der Dateien in entsprechenden Ordnern (Grafikdateien sollten aus „arbeitstechnischen Gründen" getrennt von HTML-Dokumenten verwaltet werden) sorgt für die nötige Übersicht und erleichtert das erneute Auffinden.

Damit die Browser die Webseite anzeigen können, muss die Homepage als index.html im obersten Verzeichnis der Ablagestruktur liegen. Alle weiteren Dateien können sich in untergeordneten Verzeichnissen befinden.

Es gibt drei Varianten, wie man Dateien geordnet ablegen kann:

1. Dateien werden analog zu den verwendeten Rubriken gespeichert. Alle zu einer Rubrik zählenden Dateien werden in einem gemeinsamen Verzeichnis aufbewahrt, das ein Unterverzeichnis für Grafiken enthält.

2. Die erstellten Dateien werden nach ihrer Funktion gespeichert. In einzelnen Ordnern für verschiedene Typen von Dateien (z. B. Inhaltsseiten, Framesets) werden diese jeweils gemeinsam verwaltet. Gleiches gilt für die Grafiken (Logos, Begleitbilder u. ä.).

3. Die Dateien werden nach dem Datum (Erstelldatum, Edition) in einem Ordner mit entsprechender Kennung gespeichert; z. B. „Projekte_2009".

Man sollte aufpassen, die Links entsprechend der Speicherorte zu gestalten, damit die einzelnen Dateien gefunden und richtig angezeigt werden können. Aus diesem Grund ist Einheitlichkeit beim Anlegen von Ordnern sinnvoll, damit Verlinkung nicht zum „Suchspiel" wird.

Um einen schnellen Zugriff auf die erstellten Dateien zu sichern, sollte man eine einheitliche Benennung (Nomenklatur) für die abgelegten Dateien einführen. Auch für die Darstellung der Dateien ergibt sich bei Einhaltung der allgemeinen Namenskonventionen ein Vorteil, nämlich dass jedes Betriebssystem und jeder Browser die Webseite anzeigen kann.

Um die Funktionalität des Aufrufs der Dateien zu sichern, sollte die 8+3-Konvention von DOS eingehalten werden (das bedeutet, dass jegliche Dateinamen aus nur acht Zeichen und der Angabe der Dateiart mit drei Zeichen bestehen, welche durch einen Punkt getrennt sind). Ferner sind Umlaute sowie Sonderzeichen (außer dem Unterstrich „_") zu vermeiden. Es sollten ausschließlich Ziffern und Kleinbuchstaben Verwendung finden. Dadurch sichert man die Funktionalität der Webseite vor allem auf älteren Betriebssystemen (sodass die Links nicht „ins Leere laufen"). Des Weiteren unterscheidet Unix zwischen Groß- und Kleinschreibung (für Unix sind „home.html" und „Home.html" zwei verschiedene Dateien) und die meisten Server im Internet sind Unix-Rechner. Dieser Umstand macht es also zusätzlich erforderlich, alles klein zu schreiben.

An einem Beispiel, soll verdeutlicht werden, wie eine standardgerechte Benennung möglich ist:

Der Dateiname inav00x.htm besteht aus vier Komponenten. Der erste Teil „i" steht dabei für die Rubrik (Info-Service), welcher die Datei zuzuordnen ist. Das Kürzel „nav" zeigt an, dass es sich um eine Datei handelt, die die Navigation darstellt. Des Weiteren folgt eine dreistellige Zahl; diese kennzeichnet die Unterrubrik. Hierbei ist zu beachten, dass alle Dateien (Inhalt und Definition) eines Framesets bei der Benennung gleichmäßig hochgezählt werden. So gehören z. B. die Dateien inav005.htm (Navigation), icon005.htm (content, dt. Inhalt) und ikb005.htm (kleines Banner) zum Frameset fünf: ifr005.htm. Alle Dateien tragen als Endung „.htm", welche sie als HTML-Dokument kenntlich macht. Durch diese Art der Kennung können auch ältere Browserversionen die Dateien erkennen. Auch für Grafiken lässt sich eine entsprechende Namensgebung entwickeln; als Beispiel dient i_logo01.jpg.

Layout

Die Anzahl der im Internet befindlichen Webseiten steigt täglich. Um mit der eigenen Internet-Präsenz wahrgenommen zu werden und positiv aufzufallen, muss man sich (mit seiner Präsentation) von anderen Angeboten abheben. Ein übertriebenes Design, wie es häufig anzutreffen ist, ist nicht unbedingt zweckdienlich. Vielmehr werden Benutzer durch ein gut durchdachtes, ansprechendes Layout angezogen und schätzen es, wenn man auf ihre Bedürfnisse eingeht.

Allgemeines zum Layout

Im Internet bewegen sich ganz unterschiedliche Personen, die in zwei Gruppen unterschieden werden können.

Unter „Informationssuchern" versteht man Personen, die das Internet und dessen Dienste nutzen, um Informationen zu recherchieren; dabei gehen sie strukturiert und zielgerichtet vor. „Surfer" hingegen sind Personen, die nicht (oder nur in geringem Umfang) nach Informationen suchen, sondern durch das Medium Internet unterhalten werden wollen. Sie springen mal hier, mal dahin, folgen (interessanten) Links und sind insgesamt unstetig.

Ein gutes Layout ist an die Nutzertypen angepasst, die auf die Webseite „gelockt" werden sollen. Dabei muss jedoch nicht nur das Nutzungsinteresse, sondern auch die technische Ausstattung sowie Erfahrung im Umgang mit dem Medium berücksichtigt werden.

Es sollte also zu Beginn der Erstellung einer Webseite geklärt werden, welchen Zweck die Präsentation verfolgt. Sollen Informationen vermittelt werden und das Angebot auf Informationssucher ausgerichtet sein? Oder soll die Seite unterhalten und so Surfer zum Verweilen bewegen? Die Anforderungen an die Technik (Wiedergabe von Videos und Musik, aufwändige Gestaltung von Animationen) und den Menschen (Umgang mit Computer und Internet) sollten auf der einen Seite nicht zu hoch sein. Wird andererseits jedoch nur Fließtext geboten, ohne jegliche Variation des Darstellungsmittels, kann dies den Benutzer genauso von einem Besuch abhalten.

Man ist also gezwungen, einen Spagat zwischen den genannten Aspekten zu machen, um jedem das Gefühl zu vermitteln, ihn mit seinen Bedürfnissen zu berücksichtigen.

Grundsätzlich sollte ein ausgewogenes Verhältnis zwischen Text, Grafiken und Strukturierungselementen (wie z. B. Linien oder Zwischenüberschriften) bestehen. Problematisch ist es, sich bei der Erstellung der Webseite auf eine bestimmte Auflösung festzulegen oder einen Browser zu bevorzugen. Die Auflösung und die Darstellung des Browsers, die der Benutzer zu Gesicht bekommt, kann das angestrebte Layout extrem verändern, zumal unterschiedliche Browser zu differenten Darstellungen derselben Webseite führen können.

Text

Text ist die überwiegende Darstellungsform für Inhalte im Internet. Doch gerade das Lesen am Bildschirm ist schwierig und kann schnell ermüden. Aus diesem Grund ist es wichtig, auf welche Art und Weise der Text gestaltet wird (Typographie).

A. Dunkle Schrift vor hellen Hintergrund setzen.

B. Ausreichend Kontrast zwischen Schrift und Hintergrund erzeugen.

C. Die Farben von Schrift und Hintergrund aufeinander abstimmen.

D. In Printmedien führen Serifen (kleine Querstriche an den Buchstaben bei bestimmten Schriftarten) das Auge des Lesers durch den Text (Beispiel für Serifenschrift: Times New Roman).
Am Bildschirm hingegen sind serifenlose Schriften besser lesbar.

Text muss immer gut lesbar sein!

E. Auszeichnungen wie Fettdruck oder Vergrößerung des Textes, Kursivschrift oder farbiger Text nur sparsam einsetzen: wenn zu viel Text auf diese Weise hervorgehoben wird, verliert sich der Effekt der besonderen Markierung.

F. Fließtext als linksbündigen Flattertext setzen, um dem Leser das Finden des Zeilenanfangs zu erleichtern.
Das Setzen in Blocksatz ist problematisch, da im Text große Lücken entstehen.

G. Kurze Textblöcke und Gliederung durch (Zwischen-)Überschriften erhöhen die Lesbarkeit des Textes zusätzlich.

H. Von den in HTML vorgegebenen Überschriftengrößen sind nur <h2> bis <h4> auf vernünftige Weise verwendbar.

K. Drei negative Beispiele für Textsatz am Bildschirm

Versalien

VERSALIEN SIND EINE FRECHE GEMEINHEIT UND GENAUSO ZU VERMEIDEN WIE KAPITÄLCHEN.

Kapitälchen

KAPITAELCHEN SIND ZUMINDEST FUER LANGE PASSAGEN EBENSO ZU VERMEIDEN WIE VERSALIEN.

Sperren von Versalien

M A C H   D A S   M A S S A N
T Y P O G R A P H I S C H E N G E M E I N H E I T E N
V O L L U N D S P E R R E D A B E I V E R S A L I E N
A U F D I E G A N Z E B R E I T E E I N E R S E I T E .

I. Auch Ränder um den Text herum dienen der Gestaltung und sorgen für eine bessere Lesbarkeit des Textes.

J. Text kann auch mit Hilfe einer Tabelle ausgerichtet werden.

L. (Unruhige) Hintergrundbilder erschweren das Lesen von Text.

Farben

Durch die farbige Gestaltung kann und soll der Benutzer durch die Seite geführt werden. Damit auf dem Bildschirm jedoch nicht nur ein buntes Durcheinander entsteht, sollte man Folgendes beachten (Original in Farbe auf CD-ROM):

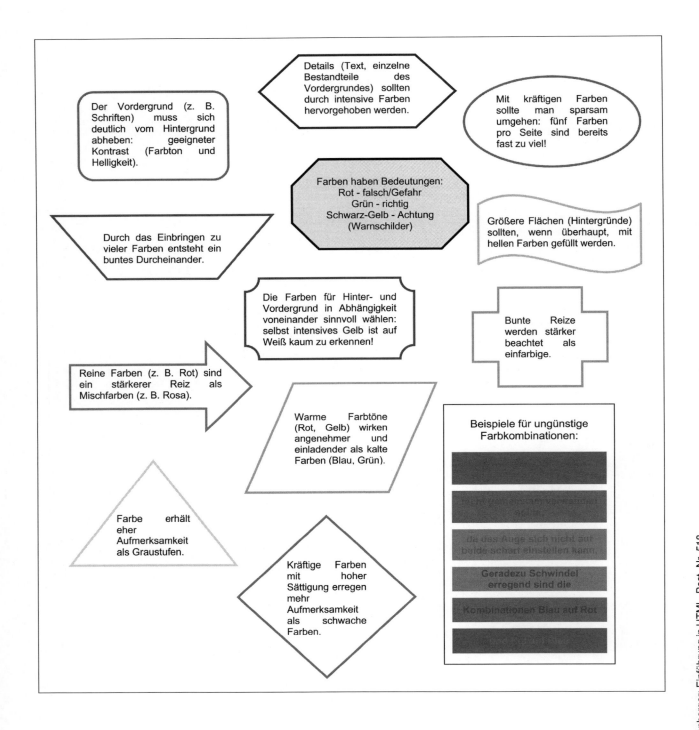

Grafiken

Grafiken werden in Webseiten eingesetzt, um lange Texte aufzulockern und die Aufmerksamkeit zu lenken. Lange Texte werden kaum (vollständig) gelesen. Beim Überfliegen dienen die Grafiken daher der Strukturierung und vermitteln Informationen auf einer nicht-sprachlichen Ebene.

Der Einsatz von Grafiken ist jedoch durch die Datenübertragung stark begrenzt. Bei großen Grafiken oder einer großen Anzahl von Bildern kann es zu langen Ladezeiten kommen. Nach einer amerikanischen Untersuchung sind die Nutzer von Webseiten bereit, bis zu zehn Sekunden auf den Seitenaufbau zu warten, bevor sie die Seite verlassen.

Die Größe einer Bilddatei ist unter anderem von der Art der Grafik abhängig. Im Webdesign werden aufgrund von Darstellungsproblemen anderer Formate nur Pixelgrafiken verwendet. Diese bestehen aus einzelnen Bildpunkten (den Pixeln), die alle gleichgroß und in Form eines Rasters angeordnet sind. Jeder Punkt besitzt eine ihm zugewiesene Farbe und erst auf die Entfernung, wenn man keine einzelnen Punkte mehr wahrnehmen kann, ist das Bild deutlich zu erkennen. Die Bildgröße ist u. a. davon abhängig, wie groß die Anzahl der Pixel in der Höhe und Breite der Grafik ist (Auflösung).

Problem: Vergrößert man ein Pixelbild, so werden entweder alle Bildpunkte größer dargestellt, so dass das Bild unschärfer wird, oder das Bildbearbeitungsprogramm gleicht die entstehenden Ungenauigkeiten durch die Ergänzung von Pixeln aus. Diese zusätzlich eingefügten Pixel besitzen jedoch keine zusätzlichen Informationen über den Aufbau der Grafik, sondern werden durch Angleichung an die umgebenden Pixel erzeugt. Das Resultat ist eine schlechtere Qualität: Diagonalen und Rundungen werden beispielsweise treppenförmig angeglichen.

Die Größe der Grafiken (Dateigröße) ist aber auch von der Farbtiefe abhängig, d. h., wie viele Farben pro Pixel dargestellt werden können. Je mehr Farben zum Einsatz kommen, desto größer wird die Grafikdatei.

Da im Internet jedoch fast ausschließlich komprimierte (verkleinerte, zusammengestauchte) Grafikdateien verwendet werden, um die Ladezeit zu verkürzen, ist die Bildgröße in noch gravierenderem Maße von der Komprimierung der Daten abhängig.

GIF-Grafiken

- hohe Komprimierungsrate – somit kleine Dateigröße
- maximale Anzahl darstellbarer Farben ist auf 256 begrenzt
- kaum Verlust von Bilddaten durch die Komprimierung – ermöglicht angemessene Darstellung
- Das „interlaced format" sorgt dafür, dass sich die Grafik während des Ladevorgangs nicht mehr in Einzelzeilen aufbaut, sondern erst unscharf erscheint und mit der Menge der übertragenen Daten immer schärfer wird und besser zu erkennen ist.
- Es lassen sich auch Teile der Grafik ausblenden, indem man sie durchsichtig macht, d. h., dass in ausgewählten Bereichen der hinter dem Bild liegende Hintergrund zu erkennen ist – dadurch sieht man keine eckigen Grafiken, sondern nur die Komponenten, die abgebildet werden sollen (so „schweben" beispielsweise Navigationsknöpfe vor dem Hintergrund).
- Es lassen sich mehrere Bilder hintereinander hängen, um so eine kleine Animation zu erstellen – die Ladezeiten dieser Dateien werden allerdings länger, da jedes Bild einzeln abgespeichert und übertragen werden muss.

Das GIF-Dateiformat eignet sich für Grafiken mit großen, klaren Flächen und einer überschaubaren Anzahl von Farben.

JPEG- oder JPG-Grafiken

- Farbtiefe der Grafik bleibt bei der Komprimierung erhalten – es gehen jedoch Bildinformationen unwiederbringlich verloren.
- Aus den Farben benachbarter Pixel wird ein Mittelwert gebildet: der neu berechnete Wert ersetzt die vorherigen Pixel, indem sie zu einem Pixel zusammengefasst werden.
- Die entstehenden Dateien können sehr klein werden – eine Komprimierungsrate über 95% kann dazu führen, dass durch fehlende Zwischentöne Teile der Grafik zu großen farbgleichen Blöcken zusammengefasst werden – Komprimierungsrate zwischen 50 und 80 ist sinnvoll *Tipp:* Mehrere Versionen mit unterschiedlichen Komprimierungsfaktoren erstellen und die geeignete auswählen.
- Durch den neuen Standard „progressive JPEG" wird das Bild bereits bei 15% der übertragenen Bilddaten (zunächst undeutlich) angezeigt und mit der Menge der übermittelten Daten immer schärfer und detaillierter abgebildet.
- JPEG kann keine homogenen (einfarbigen) Flächen erzeugen   bei der Komprimierung werden durch die Interpolation Zwischentöne erzeugt, wodurch keine klar abgrenzbaren Farbbereiche(-flächen) entstehen   Übergänge „verschwimmen" oder „verwaschen".
- Durch Zwischentöne werden mehr Farben für die Grafik erzeugt – Vergrößerung der Dateigrößen – lange Ladezeiten.

JPEG wird nur für Fotografien und Bilder ohne homogene Flächen eingesetzt.

PNG-Grafiken

- In den 90er-Jahren wurde speziell für das Internet ein neues Format entwickelt, das die Vorteile der bisherigen vereinen, gleichzeitig aber deren Probleme beseitigen sollte.
- Mit dem PNG-Format können Bilddateien verlustfrei komprimiert werden, wobei auch transparente Hintergründe eingefügt werden können (wie bei GIF-Dateien).
- Zugleich besitzt dieses Format die Farbtiefe(-darstellung) wie JPEG-Grafiken.

Nachteile:

- geringe Komprimierungsrate, da verlustfreie Komprimierung größere Dateien erzeugt
- Browser der 3er-Version können dieses Format nicht interpretieren und somit nicht anzeigen

Navigation und funktionale Seitenelemente

Bei der Erstellung von Schaltflächen bzw. Buttons ist zu bedenken, dass es sich um einzelne Objekte vor einem Hintergrund handelt, welches eine kontrastreiche Farbwahl erfordert. Die einfachste Form eine Schaltfläche zu erzeugen, ist Text auf einfarbigem Untergrund darzustellen. Für die Untergrundgestaltung kann die Hintergrundfarbe der Seite oder eine Kontrastfarbe zum Hintergrund verwendet werden. Wird eine Kontrastfarbe zum Hintergrund eingesetzt, entsteht ein doppelter Kontrast (Text Untergrund Hintergrund), welcher das Layout der Schaltfläche negativ beeinflussen kann.

Soll ein spezieller Untergrund, der sich von der Hintergrundfarbe abhebt, für einen Button, beispielsweise eine farbige, marmorierte Fläche verwendet werden, so sollte der erzeugte Button eine gerade geometrische Form besitzen. Diese Formen eignen sich besser als z. B. große Kreise oder Ellipsen, da diese durch die Darstellung im Browser verzerrt werden können. Durch diese Verzerrungen kommt es dann zu unschönen treppenartigen Stufen an den Rundungen.
Des Weiteren ist zu beachten, dass man, wenn Schaltflächen eingesetzt werden, mehrere gleichartige Schaltflächen einbindet. Eine einzelne Schaltfläche ist wenig sinnvoll und wirkt störend, da sie die Aufmerksamkeit zu stark vom Rest der Seite ablenkt. Werden mehrere Schaltflächen benutzt, so sollten alle die gleichen Farben für Fläche und Schrift besitzen. Dies stärkt die Einheitlichkeit des gesamten Erscheinungsbildes und unterstützt die Übersichtlichkeit der Navigation. Zu bunte und unterschiedliche Schaltflächen lenken von den Inhalten ab.

Mit Grafikprogrammen lassen sich auch 3-D-Schaltflächen generieren. Diese „Knöpfe" sind jedoch nur ein „netter Effekt", der an sich keinen Nutzen hat. Reine Textlösungen sind oft besser, da die Inhalte der Buttons und Schaltflächen besser wahrgenommen werden können und der Benutzer weniger abgelenkt wird. Bei der Erstellung von Schriftgrafiken sollte man immer mit demselben Grafikprogramm arbeiten, da unterschiedliche Programme mit gleichen Einstellungen oft sehr differente Ergebnisse abliefern können.
Um die Textränder in Schriftgrafiken abzurunden, kann im Bildbearbeitungsprogramm die Option „Anti-Aliasing" eingestellt werden. Das Programm fügt in den Randbereichen des Textes Zwischentöne ein, um die treppenartigen Strukturen beispielsweise an Rundungen zu vermindern. Durch diesen Effekt wird die Schrift besser lesbar. Der Nachteil bei diesem Verfahren ist, dass durch die Ergänzung der Zwischentöne mehr Farben für die Gafik benötigt werden. Dadurch lässt sich die Grafik schlechter komprimieren, was die Größe der Bilddatei steigert.

Es muss immer genau überlegt werden, an welchen Stellen es sinnvoll ist, Text in Schaltflächen einzusetzen. Navigationsgrafiken sind ohne erklärenden Text nicht immer eindeutig. Es gibt jedoch auch Fälle, in denen textlose Navigation von Vorteil ist: Ein Beispiel sind Schaltflächen in Form von Nationalflaggen, mit denen sich ausländische Mitbürger zu einer in ihrer Muttersprache geschriebenen Version der Webseite navigieren können.
Auch bei ausgeschalteten Grafiken (manche Nutzer sparen Ladezeit, indem sie auf die Darstellung der Grafiken verzichten) muss die Navigation funktionsfähig sein. Daher sind alle Elemente grafischer Navigation mit einem Alternativtext auszustatten.

Objekte, die sich in räumlicher Nähe zueinander befinden, werden als Einheit bzw. zusammengehörig wahrgenommen. Dies wird zusätzlich verstärkt, wenn diese Objekte die gleiche Form besitzen. Daher ist es ratsam, Navigationsgrafiken bzw. -schaltflächen durch Form und Anordnung auf der Seite als (Navigations-)Einheit erkennbar zu machen. Darüber hinaus werden Objekte der gleichen Farbe zu Gruppen zusammengefasst. Aus diesem Grund ist auch die Farbgebung der einzelnen Elemente einheitlich zu gestalten. Außerdem werden einfache, symmetrische, regelmäßige Formen im Gegensatz zu Formen ohne diese Eigenschaften als besser (ästhetischer) wahrgenommen. Somit sollten die (grafischen) Elemente die o. g. Eigenschaften aufweisen, um ein angenehmes Erscheinungsbild zu bieten.

Anordnung der Seitenelemente

Um die jeweiligen Elemente einer Einzelseite (Navigation, Text, Grafiken, Schaltflächen u. ä.) einheitlich anordnen zu können, sollte man ein Grundraster erstellen, nach dem man auf allen Einzelseiten die Elemente anordnet. Damit die Webseite insgesamt einheitlich und in sich geschlossen ist, sollte möglichst nicht (oder nur in begründeten Ausnahmefällen) von diesem Grundraster abgewichen werden. Durch ein einheitliches Layout erhöht sich zudem der Wiedererkennungswert der Seite.

Das dreigeteilte Layout ist die Grundlage der meisten Webseiten:

Bereich 1: Wo bin ich? (Identifikation)

Bereich 2: Wohin kann ich gehen? (Navigation)

Bereich 3: Worum geht es? (Inhalt)

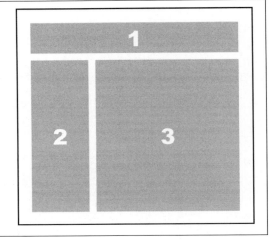

Verwendet man bei der Gestaltung der Webseite keine Frames, so sollte folgende Gliederung eingehalten werden: Entweder befindet sich die Navigation zentriert über dem Inhalt oder links neben dem Inhaltsbereich. In beiden Fällen wird die Navigation am Fuß der Seite wiederholt eingebunden, falls die Navigation des oberen Bereiches durch Scrollen aus dem Blickfeld des Benutzers verschwindet.

In unserem Kulturkreis hat die obere linke Ecke einen besonderen Stellenwert. Wir beginnen Texte oben links zu lesen und entnehmen dementsprechend auch Webseiten die Informationen.

Oftmals ist in der oberen linken Ecke ein Logo (des Webseitenbetreibers) zu finden. Es ist sinnvoll, dieses Logo als Link zur Startseite bzw. Übersichtsseite zu verwenden.
Die oben erwähnten Grundraster lassen sich u. a. mit Tabellen erstellen. Dabei wird der Rahmen der Tabelle durch die Einstellung der Rahmenstärke unsichtbar gemacht.

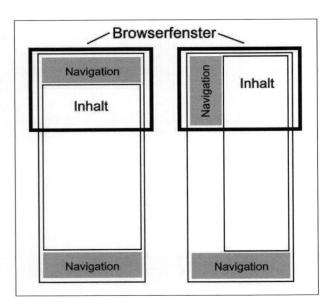

Wird eine Seite mittels Tabellenlayouts erzeugt, so bedeutet das für die Nutzung der Seite, dass mit jedem Verweis, der innerhalb der Webseite eine Verknüpfung bildet, eine komplett neue Seite geladen und aufgebaut werden muss. Während des Ladevorgangs ist der Bildschirm (bzw. das Fenster) leer und bietet dem Benutzer keine Orientierung, wo er sich gerade befindet. Es ist also zum einen nicht wünschenswert, die Seite komplett neu zu laden, zum anderen ist es aber auch gar nicht erforderlich. Teile der Seite, wie z. B. die Schaltflächen der Navigation oder Menüs, müssen nicht neu geladen werden, da sie auf der aufgerufenen Seite in gleicher Form wieder erscheinen. Übersichtlicher wäre es, wenn nur die neuen Inhalte geladen würden und der Rest (Navigation u. ä.) erhalten bliebe.

Durch Frames lassen sich die einzelnen Seiten einer Webseite in Bereiche unterteilen (vgl. Struktur – Struktur der Einzelseite). Durch die Aktivierung eines Links im Navigationsframe kann ein neuer Inhaltsframe geladen werden, wobei die Navigation in ihrer ursprünglichen Form (im „alten" Frame) erhalten bleibt. Dadurch bleibt die Navigation immer präsent und an gleicher Stelle. Eine Seite kann je nach Bedarf aus zwei oder mehreren Frames bestehen; bei mehreren Frames gibt es beispielsweise die Möglichkeit, die Hauptrubriken der Webseite in einem Navigationsframe auf der linken Seite zu verlinken und oben über den Inhaltsframe, die Unterrubriken als Verweise aufzulisten.

Vorteil einer derartigen Anordnung ist vor allem, dass man eine tiefere Verschachtelung der Navigation erreicht als bei einer Navigation, die lediglich auf Hauptrubriken basiert, und trotzdem die nötige Übersichtlichkeit erhält. Auf diese Weise lässt sich auch der Hierarchie der Inhalte Rechnung tragen, indem die Navigation mittels Haupt- und Unterrubriken die Struktur der Inhalte wiedergibt.

Erwartungen von Internetnutzern bezogen auf die Position bestimmter Seitenelemente

Einer amerikanischen Untersuchung zufolge bestehen „Standard-Erwartungen", was die Position bestimmter Seitenelemente betrifft:

Durch die Erfüllung der Benutzererwartung verkürzt sich für diesen die Suchzeit auf der Seite und die Orientierung wird erleichtert. Benutzerfreundliche Seiten werden eher erneut besucht als Seiten, die mit sehr „extravaganten Aufmachungen" arbeiten.

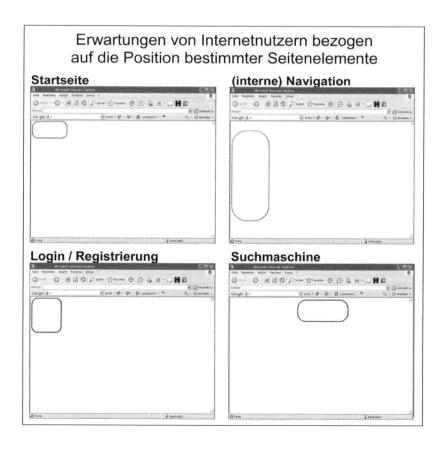

Test und Überarbeitung

Eine unangenehme Situation entsteht, wenn bei einer Web-Premiere die Links nicht funktionieren oder ins Leere laufen, aufgrund fehlerhafter Dateibenennung Einzelseiten nicht aufgebaut werden, oder wegen des verwendeten Browsers bestimmte Teile der Webseite nicht oder nur unzureichend dargestellt werden können! Auch Tippfehler (sowohl in der Rechtschreibung als auch in der Syntax der verwendeten Programmiersprachen), Versehen bei der Ablage von Dateien oder das Verwechseln von Grafiken (Grafiken am falschen Ort oder falsch verlinkt) können einen negativen Eindruck hinterlassen. Daher sollte man sich absichern.

Auch durch unterschiedliche Betriebssysteme oder Einstellungen kann es zu Problemen oder unerwünschten Darstellungen der Seite kommen. Daher ist es wichtig, die Tests mit unterschiedlichen Browsern und Browserversionen durchzuführen. Je nach eingesetztem Browser oder verwendeter Version kann es sonst zu „bösen Überraschungen" kommen.
Mehr als 90% aller Internetnutzer verwenden als Betriebssystem Windows (und surfen mit dem InternetExplorer). Daher kann man sich zusätzliche Arbeit sparen, indem man eine Web-Präsenz unter Windows (für den IE) erstellt und abschließend aus Gründen der Kompatibilität mit Mac einer gesonderten Testreihe unterzieht. Die Entwicklung einer Mac-Version, die dann an die über 90% der Benutzer angepasst werden muss, wäre ein weit größerer Aufwand.

Ebenfalls zu beachten ist, dass an TFT-Displays (so genannten Flatscreens) die Darstellung des Bildschirms von denen eines herkömmlichen Monitors abweichen kann.
In der ersten Testphase belässt man die Webseite auf der eigenen Festplatte und ruft sie von dieser aus auf.
In einem weiteren Testlauf wird die Webseite mittels eines Speichermediums, z. B. einer CD-Rom, auf einen anderen Computer gebracht und dort getestet.
Schließlich wird die Seite auf den Server gestellt (jedoch nicht für die Allgemeinheit publiziert) und im Netzbetrieb getestet. Bei diesen Tests sollen alle Einzelseiten sowie die Funktionen aller funktionalen Elemente überprüft werden.

Eine Checkliste für die Tests kann beispielsweise so aussehen:

Einzelseite	Ja	Nein
Besitzen alle Seiten einen Seitentitel?	O	O
Haben alle Seiten Meta-Texteinträge?	O	O
Funktioniert der Seitenaufbau korrekt?	O	O
Funktioniert der Seitenaufbau bei Framesets korrekt?	O	O
Wurden alle Rechtschreib- und Tippfehler korrigiert?	O	O
Besitzen alle Grafiken die richtigen Größenangaben (width, height)?	O	O
Besitzen alle Grafiken einen Alternativtext?	O	O
Liegen alle Bilder in den richtigen Verzeichnissen und werden korrekt angezeigt?	O	O
Stören Hintergrundbilder die Lesbarkeit der Texte?	O	O
Werden nur wenig animierte GIFs verwendet / ist ihr Einsatz sinnvoll?	O	O
Sind alle Schriftelemente in Grafiken lesbar?	O	O
Falls vorhanden, ist das Tabellenlayout fehlerfrei?	O	O
Die Seiten werden auch ohne Grafiken korrekt angezeigt?	O	O
Die Navigation funktioniert auch bei ausgeschalteten Grafiken?	O	O

Weitere Testkriterien können sein:

Formalia
- Sind alle Dateinamen (formal) korrekt?
- Wurde bei allen Dateinamen die 8+3-Konvention eingehalten?
- Sind alle Dateinamen klein geschrieben?

Betriebssysteme
- Gibt es Probleme bei der Verwendung eines Betriebssystems, das bei der Erstellung der Webseite nicht verwendet wurde (PC, Mac)?

Auflösungstest
- Wie werden die einzelnen Seiten bei unterschiedlichen Auflösungen (640·480, 800 x 600, 1024 x 768) dargestellt?

Netztest
- Funktioniert die Webseite online wie erwartet?
- Ist die Webseite online gestellt und wurden Einträge in Suchmaschinen erstellt?
- Funktioniert der Aufruf der Seite von verschiedenen PCs/Arbeitsplätzen aus ohne Schwierigkeiten?

Grafiken
- Sind alle Grafik-Dateien soweit wie möglich komprimiert?
- Sind sehr große Grafiken als Thumbnails („Vorabbilder") in die Seite eingebunden und können per Mausklick vergrößert werden (wird darauf hingewiesen)?

Funktionsprüfung
- Befinden sich alle funktionalen Elemente (z. B. Links) an der richtigen Stelle?
- Funktionieren alle Buttons, Formulare/Mails, Links, Scripte?
- Werden alle Frames korrekt aufgerufen?
- Werden alle Seiten, die nicht zu der Internetpräsenz gehören (Fremdseiten) in einem extra Fenster geöffnet (target="_blank")?

Browsertest
- Ist die Darstellung der Webseite bei verschiedenen Browsern (Mozilla Firefox, Internet Explorer etc.) fehlerfrei?

Veröffentlichung und Dokumentation

Die Programmierung der Webseite ist abgeschlossen, die Tests sind erfolgreich durchgeführt, die Seite kann ins Internet gestellt werden. Doch wohin mit der fertigen Internet-Präsenz? Es muss ein Server gefunden werden, auf dem die Daten der Webseite gespeichert werden können. Darüber hinaus ist zu klären, unter welchem Domainnamen die Seite erreichbar sein soll. Dieser Name sollte sowohl aussagekräftig als auch einprägsam sein. Zu bestimmen ist auch, wie die Seite bekannt gemacht werden soll, damit zukünftige Besucher auf sie aufmerksam werden.

Speicherplatz für die Webseite (Webspace)

Um die fertige Seite jedermann zugänglich zu machen, müssen alle erstellten Dateien auf einem Server hinterlegt werden. Dieser sollte jederzeit eine Verbindung zum Internet besitzen, damit die Seite „rund um die Uhr" aufgerufen und Informationen und Daten abgerufen werden können.

Dabei bestehen drei verschiedene Modelle, mittels eines Servers die Webseite zu publizieren:

Webhosting bedeutet, dass man sich Speicherplatz auf einem Server eines Internetproviders anmietet. Die Ansprache der Domain erfolgt über den Domainnamen oder die IP, wie bei einem normalen Server. Die Kosten errechnen sich u. a. aus der Domaingebühr, dem angemieteten Speicherplatz, der Menge der übertragenen Daten und der Leistungskapazität der Anbindung an das Internet. Um Ausfällen vorzubeugen, besitzen professionelle Provider mehr als nur eine Anbindung an das Internet; bei Ausfall einer Anbindung übernehmen die anderen ihre Aufgaben.

Hinter dem Begriff *Server-Hosting* steht die Idee, einen eigenen Server beim Provider aufzustellen, der jedoch durch den Eigentümer des Servers gepflegt wird. Diese Methode empfiehlt sich bei Webpräsenzen mit hohen Zugriffsraten und aufwändigen Datenbanken im Hintergrund. Auf jeden Fall ist der Einsatz eigener Server sinnvoll, wenn die erstellten Dateien zu schützende Daten beinhalten oder der Platz auf einem gemieteten Server aufgrund der Größe der Internetpräsenz zu teuer würde. Für die Pflege eines solchen Servers ist jedoch fundiertes Wissen erforderlich. Außerdem ist die Wartung oftmals sehr kostenintensiv.
Ein weiterer Vorteil des Server-Hostings ist, dass man den Server in eigener Regie vor Missbrauch schützen kann. Nicht alle Webhostingangebote besitzen Schutzprogramme.

Eigene Server sind eine Alternative, wenn die notwendige Internetverbindung und das benötigte Wissen für Wartung und Pflege zur Verfügung stehen. Als Betreiber hat man stets direkten Zugriff auf den Server und kann diesen auch jederzeit aufrüsten (Hard- und Software). Falls sich der Server in einem internen Netzwerk befindet, entsteht die Gefahr der Angriffe und des Missbrauchs von außen. Durch den Server haben Dritte u.U. Zugriff auf das gesamte Netzwerk. Selbst das aufwändigste Sicherungssystem kann keine vollständige Sicherheit bieten.

Die meisten Internetpräsenzen werden über Provider realisiert. Bei der Wahl des Providers sollte man auf Leistungsmerkmale wie die technische Ausstattung (Erreichbarkeit, Leistungskapazitäten, Übertragungsraten), vor allem aber die Zuverlässigkeit und die technische Unterstützung (Support, Hotline) achten.

Domainname

Der Domainname ist ein besonderes Kennzeichen der Webpräsenz. Daher sollte der Name geschickt gewählt werden. Er sollte eindeutig im Zusammenhang mit den Inhalten oder dem Betreiber der Webseite stehen: ein Beispiel hierfür ist www.AEG.de für die Internetpräsenz eines bekannten deutschen Elektrowaren-Herstellers.

Zunächst ist zu entscheiden, unter welcher *Top-Level-Domain* (vgl. *Das Internet – Aufbau der IP-Adressen*) die Internetpräsenz zu finden sein soll. Der Benutzer vermutet deutschsprachige Angebote unter '.de', internationale und kommerzielle unter '.com'.

Für den eigentlichen *Domainnamen* ist die Groß- und Kleinschreibung unerheblich, da der DNS (vgl. *Was ist das Internet? – Aufbau der IP-Adressen*) alle Groß- in Kleinschreibungen abändert. Der Domainname muss aus mindestens drei Zeichen bestehen und darf nur Buchstaben, Ziffern sowie den Bindestrich beinhalten. Die maximale Länge ist auf 67 Zeichen begrenzt, wobei niemand einen so langen Namen wählen sollte; erstens kann man sich diesen nicht merken und zweitens steigt die Gefahr von Tippfehlern bei der Eingabe in den Browser mit der Anzahl der einzugebenden Zeichen. Dies soll aber nicht bedeuten, alles durch Akronyme bis zur Unkenntlichkeit abzukürzen. Ein weiterer zu beachtender Aspekt ist, dass die Namensrechte Dritter verletzt werden könnten. Geschützte oder eingetragene Namen dürfen nicht verwendet werden!

Wenn ein Name gefunden wurde, der den formalen Vorgaben entspricht, so muss im nächsten Schritt geklärt werden, ob dieser noch zur Verfügung steht oder bereits vergeben ist (vergebene Domainnamen lassen sich dem Besitzer in manchen Fällen abkaufen). Für die Vergabe ist *DENIC* (das **D**eutsche **N**etwork **I**nformation **C**enter; im Internet zu finden unter *www.denic. de*) zuständig, bei dem erfragt werden kann, ob die Wunschdomain noch frei ist. Bei positiver Rückmeldung kann diese gleich registriert werden.

Abschließend müssen der Domainname und die IP-Adresse des beanspruchten Servers, auf dem die Seite gespeichert ist, zusammengebracht werden. Dazu erhält man mit der Bestätigung der Anmeldung des Domainnamens eine Aufforderung, die notwendigen Daten (meist per Formular im Internet) an den DNS zu übermitteln.

Suchmaschinen

Bei der heutigen Fülle des Informationsangebotes im Internet ist es nicht einfach, zu gewünschten Inhalten brauchbare Seiten zu finden. Suchmaschinen sollen dem Internetnutzer helfen, Webseiten ausfindig zu machen, die mit seiner Interessenlage übereinstimmen.

Es existieren drei Arten von Suchmaschinen:

Search engines sind Suchmaschinen im klassischen Sinne. Sie arbeiten mit Programmen (so genannte robots), die regelmäßig Webseiten selbstständig auf Inhalte untersuchen. Dabei folgen sie den Verlinkungen innerhalb der Webseite und klassifizieren die Seiten nach gefundenen Stichwörtern in Titeln, Fließtext (meist innerhalb der ersten 250 Zeichen) und Metatags. Die Ergebnisse der Suche werden in einer zentralen Datenbank gespeichert.
Über eine Stichwortsuche kann der Internetnutzer auf die gespeicherten Informationen zugreifen. Ihm werden dann die Internetadressen aufgelistet, die mit seinen eingegebenen Stichworten übereinstimmen.

Verzeichnisse werden von Web-Redakteuren erstellt und verwaltet. Diese Redakteure bewerten und klassifizieren bei ihnen angemeldete Webseiten. Die Ersteller der Internetseite haben keinen Einfluss darauf, wann und in welche Kategorie ihre Seite eingeordnet wird. Ein entscheidender Vorteil ist, dass durch die Untergliederung in Kategorien und Unterkategorien die Anzahl der nichterwünschten Suchergebnisse gering gehalten werden kann.

Hybrid-Suchmaschinen verbinden die Eigenschaften der zuvor genannten. Sie suchen ebenfalls mit Programmen nach Stichworten und legen die Suchergebnisse in Kategorien ab.

Einträge in Suchmaschinen „erstellen"

Bei welchen Suchmaschinen ist es nun also sinnvoll, sich einzutragen? Bei allen seriösen und bekannten! Auch internationale Suchmaschinen werden von deutschen Surfern genutzt. So ist es sinnvoll, sich auch in diesen registrieren zu lassen.

Zur Anmeldung bei *„search engines"* ist es lediglich erforderlich, die Webseite der Suchmaschine zu besuchen und ein Formular auszufüllen. Die robots werden dann von selbst auf die neu angemeldete Seite „losgelassen". Dies kann allerdings aufgrund der Vielzahl neuer Webseiten ein wenig dauern. Nach welchen Kriterien und an welchen Stellen die Seite abgesucht wird, bleibt unklar.

Webseiten können zur Aufnahme in *„Verzeichnisse"* bei Web-Redakteuren vorgeschlagen werden. Die Redakteure bewerten und klassifizieren die Internetpräsenz im Anschluss an die Anmeldung. Da die Webseiten in hierarchisch geordneten Verzeichnissen abgelegt werden, ist es wichtig, bei der Anmeldung das entsprechende Unterverzeichnis anzugeben, indem die Seite erscheinen soll. Denn nur durch die gezielte Anmeldung kann die Seite richtig verwaltet werden. Bleibt zu hoffen, dass ein Redakteur die Seite besucht, der sie so einbezieht, wie man es gerne hätte.

Suchmaschinen

> Um die **robots der Suchmaschinen** bei der Evaluation der eigenen Webseite zu steuern, ist es erforderlich, eine Datei namens „robots.txt" im selben Verzeichnis zu erstellen, in dem die „index.html" liegt. Sollen alle robots die Webseite durchsuchen können, müssen in die Datei die Angaben „User-agent:*" und „Disallow:" eingefügt werden. Aus Sicherheitsgründen (Quelltext von Passwortabfragen innerhalb der Seite u. ä.) kann es erforderlich sein, bestimmte Bereiche für robots zu sperren. Dies geschieht mit der Angabe „Disallow:/...", wobei die Auslassungspunkte durch den Verzeichnisnamen des geschützten Verzeichnisses zu ersetzen sind.

Wie bereits erwähnt, durchsuchen die Programme (robots) der Suchmaschinen nicht nur die Texte und Titel, sondern auch die Metatags. Hier soll geschildert werden, wie und wo solche Metatags definiert werden.

Das „Wo?" ist die einfachere Frage: Metatags können genauso wie der Titel in den <head>-Bereich eines HTML-Dokuments eingebracht werden.

Das „Wie?" ist dabei etwas schwieriger zu beantworten: Die erforderlichen Tags besitzen alle die Struktur: <meta name="..." content="...">. Durch den Namen wird festgelegt, um welche Art von Metatag es sich handelt, und der „content" legt fest, auf welche Weise welche Informationen übermittelt werden. Jeder Typus von Metatag muss in eine eigene Spitzklammer gesetzt werden, damit er eindeutig identifiziert und umgesetzt werden kann. Die nachfolgende Tabelle stellt die wichtigsten Typen von Metatags und ihre Funktionen dar:

Tagname ("name")	Funktion des Tags ("content")
title	gibt den eingegebenen Text als Titel der Seite wieder; dieser Text wird in der Suchmaschine als Ergebnis ausgegeben
description	dieser Text wird als Beschreibung der Webseite zusammen mit dem Titel angezeigt; die Beschreibung sollte nicht länger als 200 Zeichen sein
keywords	gibt ein Internetnutzer ein Schlüsselwort in die Suchmaschine ein, das hier steht, so wird die Seite als „Treffer" angezeigt; die einzelnen Keywords werden durch Kommata voneinander getrennt
author	gibt an, wer die Seite erstellt hat; wird nur von wenigen Suchmaschinen verwendet
publisher	gibt an, wer für den Web-Auftritt verantwortlich ist
revisit-after	gibt an, wie oft die Seite aktualisiert wird; der Eingabe entsprechend oft schauen die robots vorbei (Anzahl der Tage)
robots	eine Möglichkeit, die Roboter der Suchmaschinen durch einen Metatag zu steuern: „index" erlaubt dem Roboter, die Seite zu erfassen; „follow" lässt ihn den Links in der Seite folgen; mit vorangestelltem „no" (dieses wird ohne Abstand vor das „follow" gesetzt), werden die beiden o. g. Anweisungen negiert; durch ein Komma verbunden, kann man die Befehle kombinieren
language	übermittelt die Sprache der Webseite; ist wichtig für Suchmaschinen, die nur nach Seiten mit bestimmten Sprachen suchen

Der Kopf einer HTML-Datei könnte so aussehen:

```
<head>
<titel>Titel der Seite</titel>
<meta name="title" content="Homepage der XY-Schule">
<meta name="description" content="Dies ist die Webseite der XY-Schule">
<meta name="keywords" content="XY-Schule Schue Ort Homepage-AG">
<meta name="robots" content="index,follow">
<meta name="language" content="deutsch">
</head>
```

Werbung durch Banner

Neben der Registrierung in Suchmaschinen besteht auch die Möglichkeit, über Banner auf die eigene Seite aufmerksam zu machen. Banner sind kleine Bilder oder Textfelder, die als Link den Benutzer direkt auf eine Seite verweisen. Oftmals werden sie mit kleinen Animationen (wie beispielsweise Farb- oder Schriftwechsel) gestaltet, um die Aufmerksamkeit in stärkerem Maße auf sich zu ziehen. Die Banner funktionieren also wie „Anzeigen in Printpublikationen", indem sie die Surfer auf Internetseiten hinweisen und -führen.

Bannerwerbung hat jedoch auch seine Grenzen. Laut einer amerikanischen Untersuchung liegt die Rate der durch Banner weitergeleiteten Benutzer unter einem Prozent. Des Weiteren wurden inzwischen Programme entwickelt (z. B. „Web Washer" von der webwasher AG), die Bannerwerbung aus Webseiten herausfiltern und nicht anzeigen, um die Ladezeiten zu verringern.

Trotzdem gilt: Wie bei der Werbung in Zeitschriften und Fernsehen sollte durch Bannerwerbung auf die Webpräsenz aufmerksam gemacht werden – je mehr geworben wird, desto eher erreicht man die Benutzer!

Dokumentation

Das Ziel einer Dokumentation ist, dass die Webseite auch von Personen, die sie nicht erstellt haben, gepflegt und ausgebaut werden kann. Daher muss man die Dokumentation verständlich verfassen, gerade in Anbetracht der Tatsache, dass es sich um eine „technische Dokumentation" handelt. Für die Qualität der Dokumentation ist die Verwertbarkeit der Aufzeichnungen entscheidend: anhand dieser soll die Seite schließlich gepflegt und weiterentwickelt werden.

Inhalt der Dokumentation

- kurze Beschreibung des Prokjektes, der Inhalte und Ziele
- technische Rahmenbedingungen, eingesetze Software
- Ordnerstruktur, Gliederung der Inhalte (Rubriken) und Ablagestruktur; in Verbindung mit Namenskonventionen und Ordner- sowie Dateinamen
- Aufbau der Navigation und Einzelseiten bzw. Frames
- Funktionsweise von Formularen, Dokumentation der eingesetzten Scripten und der notwendigen Syntax (Programmiersprachen)
- evtl. Beschreibung und Dokumentation eingebundener Datenbanken und Definition der Schnittstelle (DHTML, PHP)
- vollständige Offline-Version der Website

Pflege, Update, Ausbau

Nachdem die Seite nun ins Internet gestellt ist, gilt es, sie am Laufen zu halten. Der auf lange Sicht arbeitsintensivste Teil beginnt mit der Pflege und Aktualisierung (Update) der Seite. Veraltete Informationen, die niemandem mehr nützlich sind, müssen durch neue ersetzt werden. Es gilt, Fehler, die sich erst im Laufe der Zeit bemerkbar machen, zu beheben oder die bestehende Seite auf den neuesten Stand zu bringen.

Ferner ist es für das Fortbestehen der Webseite erforderlich, auf die (wahrgenommenen) Bedürfnisse der Benutzer einzugehen und entsprechend zu handeln. Dies kann zur Folge haben, die Seite umzugestalten oder gezielt auszubauen. Mit der Veröffentlichung der Seite im Internet fängt die Arbeit erst richtig an …

Wenn es um das Thema Aktualisierung und Erweiterung der Webseite geht, so muss man sich fragen:

- Was muss aktualisiert werden?
- Welche Rubriken können, müssen ausgebaut werden?
- In welchem Turnus sollen Aktualisierungen stattfinden?
- Wer ist dafür verantwortlich und sorgt für die Realisation?

Anhaltspunkte, die Antworten auf die o. g. Fragen geben können, findet man in den Logfiles der Web-Präsenz. Logfiles sind Protokolle in denen u. a. notiert wird, welche Bereiche der Webseite häufig aufgesucht werden und wie lange der Benutzer auf der Seite verweilt.

Durch sie kann auch in Erfahrung gebracht werden, woher die einzelnen Benutzer kommen (Herkunftsländer), wie oft sie die Seite besuchen und teilweise mit welchen technischen Voraussetzungen sie ausgestattet sind (Betriebssystem, Browserversion). Es lassen sich also Tendenzen des Verhaltens der Benutzer erkennen und somit Rückschlüsse auf die Gestaltung der Seite ziehen. Als Konzequenzen können beispielsweise gut genutzte Bereiche stärker ausgebaut, aber auch nicht oder schlecht genutzte analysiert werden (müssen Inhalte oder Rubrikentitel geändert werden, um die Nutzer anzusprechen?). Zu bedenken ist jedoch stets, dass die Auswertung der Logfiles nur Anhaltspunkte bieten kann und nicht absolute Aussagen liefert. Daher ist das persönliche Gespräch mit Webseitennutzern oder das Einbringen von Feedback-Formularen wichtig, um gezielte Rückmeldungen zu erhalten.

Doch nicht nur die Seite ist zu pflegen, die Benutzer wollen genauso gepflegt und umsorgt werden. Dies schließt ein, auf E-Mailanfragen unverzüglich zu reagieren. Kunden (im weitesten Sinne) erwarten kurzfristige Reaktionen auf Mails, Bestellungen o. ä.; als Faustregel gilt: E-Mails möglichst innerhalb von 24 Stunden beantworten! Wenn dies nicht möglich ist, so sollte wenigstens eine Standardmail versandt werden, die den Empfang bestätigt und eine ausführliche Folge-Mail ankündigt. In jedem Fall sollte sich der Kunde/Benutzer mit seiner Anfrage/Mail ernst genommen fühlen, weswegen eine tatsächliche Beantwortung der Mail nicht vergessen werden darf.

Es gibt drei Möglichkeiten, wie sich Pflege und Ausbau einer Webseite realisieren lassen:

1. Der *Webseiteninhaber* übernimmt die Aufgaben selbst.

   Grundlage für den Ausbau und die Pflege in eigener Regie bildet die Dokumentation der Webseitenerstellung. Ohne diese kann ein sinnvoller Ausbau sowie die Erhaltung der Seite nicht funktionieren. Die Personen, welche die Seite verwalten, brauchen hierfür jedoch fundierte Kenntnisse z. B. im Umgang mit Hilfsmitteln zur Erstellung einer Internetpräsenz (vgl. *Hilfsmittel zur Erstellung eines Internetauftritts*), die durch Schulungen eventuell erworben werden müssen. Oft reichen diese Schulungen allerdings nicht aus, um die Seite neu zu konzeptionieren oder neue Rubriken zu erstellen. Daher ist oftmals professionelle Hilfe (beispielsweise von Web-Designern) hinzuzuziehen, was dem zweiten Modell entspricht.

2. Die Aufgaben werden zwischen dem Webseiteninhaber und einer Web-Agentur (welche die Seite i. d. R. auch erstellt hat) aufgeteilt.

   Die Mitarbeiter des Unternehmens/der Webseiteninhaber überarbeiten die Seite und lassen diese von einer Agentur ins Internet stellen. Diese Agentur (im obenstehenden Sinne) testet die Seite und erarbeitet neue Rubriken oder Erweiterungen; was man mit einer einfachen Schulung nicht lernen kann, sind gestalterische Kompetenz beim Aufbau neuer Seiten, beim konzeptionellen und strukturellen Aufbau neuer Rubriken und die Kreativität bzw. gestalterische Routine, ergänzende Angebote in ein erweitertes Angebot zu integrieren. Daher ist eine vernünftige Arbeitsteilung zwischen Webseiteninhaber und Agentur zu finden, in der sich die einzelnen Beteiligten mit ihren jeweiligen Kompetenzen wiederfinden.

3. Die Aufgaben werden vollständig von einer Agentur (im obenstehenden Sinne) übernommen.

   Am unkompliziertesten erscheint es, die gesamten Aufgaben an die Agentur zu übertragen. Somit fungiert die Agentur als Dienstleister, der „nach den Vorgaben der Webseitenbesitzer" arbeitet. Die Agentur ist dann jedoch in gewissem Sinne in das Unternehmen einzubinden, was zu zusätzlichem Arbeitsaufwand und Schwierigkeiten führen kann (Agentur als ausgelagerte Abteilung eines Unternehmens, Kompetenzrangelei u. ä.).

In allen drei Fällen entstehen Kosten und es muss Aufwand betrieben werden, um die gesetzten Ziele zu erreichen. Je nach favorisiertem Modell kann das Verhältnis dieser beiden Faktoren sehr variieren. Daher gilt für alle drei Modelle: die Kosten sind gegen den Aufwand und den Nutzen zu rechnen.

Eine Webseite wird aktualisiert, um sie dem Wandel des Internets und den daraus entstehenden neuen Bedürfnissen anzupassen. Dieser Wandel kann genauso neue Zielgruppen einschließen wie neue Techniken, die zur Verfügung stehen. Will man jedoch stets „hip" und auf dem technisch neusten Stand sein, entsteht leicht das Problem, durch neue Technologien wie Flash und Shockwave Animationen zu erzeugen, die über das Ziel und den eigentlichen Sinn des Internets hinausschießen. Der Seitenaufbau dauert z. T. wesentlich länger und der Nutzen ist oft fraglich! Außerdem hat nicht jeder Benutzer etwas von diesen neuen „Aufreißern", da nicht jeder über die technisch notwendigen Gegebenheiten verfügt (für Flash und Shockwave ist spezielle Software erforderlich). Wenn solche „Spielereien" eingebunden werden sollen, dann nur an Stellen, an denen sie sinnvoll und produktiv einsetzbar sind (z. B. um etwas zu verdeutlichen, Informationen zu vermitteln oder als Auflockerung in Form eines kleinen Spiels). Es sollte darauf geachtet werden, dass aufwändige Animationen nur auf Wunsch des Benutzers (durch Klicken) nachgeladen werden, damit sich die grundsätzliche Ladezeit einer Webseite nicht über alle Maße verlängert. Eine andere Vorgehensweise liefe an den Bedürfnissen und Interessen der Benutzer vorbei.

Ausbau und Pflege einer Webseite verlaufen ebenso in Phasen wie die Erstellung einer Web-Präsenz: Während der Planung können Zielsetzung und Inhalte der Seite (neu) reflektiert werden. Anschließend lassen sich neue Module entwickeln, die in die bestehende Seite integriert werden sollen. Nach den obligatorischen Tests kann die neue Version der Webseite der Öffentlichkeit zugänglich gemacht werden, was erneute Werbung für die Seite einschließt. Darüber hinaus ist die neue Webseite weiterhin zu pflegen, zu aktualisieren und gezielt auszubauen, wodurch sich der Kreis schließt.

Zu den oben erwähnten neuen technischen Umsetzungsmöglichkeiten gehören auch neuartige Programmiersprachen für das Internet. Dazu zählt XML, das in Zukunft HTML ablösen könnte. XML wurde aus den gleichen Grundlagen wie HTML entwickelt. XML verbindet das Internet mit Datenbanken, die z. B. Firmeninformationen enthalten können. So kann XML logische Verbindungen zwischen Produkt, Preis und Anzahl einer Bestellung herstellen. Dadurch entstehen aus „reinen Daten" „sinnvolle Informationseinheiten", welche die Arbeit bei der Verwaltung von Bestellungen und anderen Datenverwaltungen erleichtern. Ob sich XML als Standard durchsetzen wird, bleibt abzuwarten.

Über die bisher genannten Aspekte hinaus sollte bedacht werden, dass jegliche Erweiterungen strukturell und vom Layout in das bestehende Gesamtkonzept eingebunden werden müssen; d. h., die Struktur und das Layout bei Erweiterungen und Updates beizubehalten. Hat sich ein Nutzer mit der Gestaltung und dem Aufbau einer Webseite vertraut gemacht, sollte er sich auch nach einem Ausbau oder Update zurechtfinden.

Des Weiteren ist es sinnvoll, dem Benutzer anzuzeigen, wann der letzte Ausbau bzw. die letzte Überarbeitung der Seite stattgefunden hat. Dadurch erfährt der Nutzer, wie aktuell die vorliegenden Informationen sind und Missverständnisse u. ä. lassen sich so vermeiden.

Ein weiterer, bisher nicht erwähnter Bereich der Webseitenpflege ist die Datensicherung. Nicht nur die Inhalte von Datenbanken sollten von Zeit zu Zeit auf einem externen Datenträger (CD-Rom) gesichert und somit vor Verlust geschützt werden, sondern auch die sich u. U. durch Update und Ausbau verändernden Quellcodes. Auf diese Weise lässt sich die Entwicklung der Seite dokumentieren und gleichzeitig bleibt altes Material erhalten (dieses kann vielleicht zu einem späteren Zeitpunkt erneut Verwendung finden).

Als „grobe Faustregel" für die Aktualisierung und Erweiterung einer Webseite gilt, dass jede Website spätestens alle vier Wochen auf Aktualität und korrekte Daten überprüft und spätestens alle sechs Wochen aktualisiert/erweitert werden sollte. Daran angelehnt lässt sich ein Turnus festschreiben, in dem die Daten der Webseite regelmäßig gesichert werden (z. B. jeweils direkt nach der Aktualisierung).

Was ist HTML?

HTML ist die Abkürzung für HyperText Markup Language. Es handelt sich dabei um eine „Textauszeichnungssprache", die es ermöglicht, Hypertext-Dokumente zu erzeugen. Diese Dateien enthalten Links, die innerhalb des Dokuments als Verbindungen funktionieren oder dieses Dokument mit anderen verbinden. Des Weiteren kann man den einzelnen Elementen des Dokuments bestimmte (einheitliche) Eigenschaften zuweisen (z. B. Größe bei Überschriften u. ä.). Um ein bestimmtes Element zu erzeugen, werden so genannte Tags verwendet, die ein Textelement umschließen und es zum Beispiel als Überschrift oder Element einer Aufzählung ausweisen.

Im Gegensatz zur gebräuchlichen Textverarbeitung werden durch die HTML-Tags jedoch keine absoluten Vorgaben für die Browserausgabe (was später im Browserfenster zu sehen ist) gemacht; d. h. der Browser muss die HTML-Datei interpretieren und dies tun verschiedene Browser auch unterschiedlich. Somit ist die Darstellung von Browser zu Browser nicht identisch.

Gleichzeitig bietet das Problem der Darstellung einen ungemeinen Vorteil: HTML-Dokumente sind unabhängig vom Betriebssystem lesbar und so im Internet umfassend einsetzbar.

Wie sehen die Steuerungsbefehle in HTML aus?

Die sogenannten „Tags" (Steuerungsbefehle) machen die eigentliche Sprache HTML aus. Jeder einzelne Befehl ist immer in spitze Klammern „< >" eingefügt. Dabei sind folgenden Grundregeln zu beachten:

1. Alle Tags müssen korrekt geschlossen werden

Jeder Tag besteht aus zwei Teilen, deren Reihenfolge festgelegt ist. So wird vor die entsprechende Textpassage die Eröffnung des Tag gesetzt z. B. <title> (jeder Teil des Tags steht immer in spitzen Klammern) und dahinter die Schließung des Tags </title> (der Abschluss des Tag unterscheidet sich von der Eröffnung nur durch einen zusätzlichen Schrägstrich „/" vor dem Taginhalt). Wird das Schließen des Tags vergessen, kann es zu Darstellungsproblemen im Browser kommen.

2. Regeln bei der Schachtelung von Tags

Wie bereits erwähnt müssen die Textpassagen, denen besondere Eigenschaften zugewiesen werden sollen, direkt von den entsprechenden Tags eingerahmt sein. Hierbei ist grundsätzlich die Reihenfolge bei geschachtelten Tags zu beachten.

Ein Beispiel:
Der <i>-Tag *(kursive Schrift)* wird erst beendet, nachdem der eingeschobene <b>-Tag **(Fettdruck)** abgeschlossen ist:

<i>Die Reihenfolge ist besonders <b>wichtig </b></i>.

Die Ausgabe im Browser sieht dann so aus:
Die Reihenfolge ist besonders **wichtig**.

3. Unterscheidung von Groß- und Kleinschreibung

Grundlegend muss bei der Verwendung von HTML-Tags die Groß- und Kleinschreibung nicht beachtet werden. Die meisten Browser akzeptieren inzwischen sowohl <body> als auch <BODY>, ja sogar <BOdy> oder <BoDy>.

Wie ist ein HTML-Dokument gegliedert?

Das Grundgerüst einer HTML-Datei besteht aus zwei Teilen: dem Kopf (**<head>**) und dem Textkörper (**<body>**). Beide Bereiche werden vom Steuerbefehl **<html>** eingerahmt.
Dieser legt fest, dass es sich um ein HTML-Dokument handelt. Der Kopf des Dokuments enthält Angaben wie den Titel oder auch Stichwörter für Suchmaschinen (sogenannte Metatags – auf diese wird hier nicht eingegangen. Informationen zu Metatags findest du im Internet unter www.selfhtml.org).

Der Textkörper enthält den eigentlichen Text des zu erzeugenden Dokuments sowie Grafiken, Tabellen etc., also den Inhalt.

Hier ein Beispiel:

```
<html>
      <head>
                  <title>Titel der Seite</title>
      </head>
      <body>Text, Grafiken, Tabellen etc.
      </body>
</html>
```

Es ist sinnvoll, die einzelnen Ebenen des Quellcodes wie im Beispiel oben voneinander abzugrenzen. Dabei haben Tags, die zusammengehören, denselben Abstand zum linken Textrand.

Dies erhöht die Übersichtlichkeit und man kann sich schneller im Quelltext orientieren, falls man z. B. etwas überarbeiten oder verändern möchte!

Aufgabe 1: Ein HTML–Dokument erstellen

Schreibe den folgenden Text im Kasten mit dem Texteditor (Start > Programme > Zubehör > Editor) ab und speichere ihn als HTML-Datei (aufgabe_01.html). Achte darauf, dass du beim Speichern in der mittleren Auswahlliste „*Alle Dateien*" ausgewählt hast und dass die Datei die Endung „.html" erhält! Öffne anschließend die Datei mit dem Internet Explorer.

```
<html>
     <head>
               <title>Homepage unserer Schule</title>
     </head>
     <body>Dies ist die Homepage der ... Schule.
          <br>
          <br>
           WahlPflichtKurse: (WPK)
          <br>
          Ab Klasse 6 wird an unserer Schule durch das Angebot von zusätzlichen
          Wahlfächern die individuelle Schwerpunktbildung der Schülerinnen und
          Schüler gefördert.
          <br>
          <br>
          Nicht Abwahl - sondern Zuwahl ist das Geheimnis des Erfolgs!
     </body>
</html>
```

Aufgabe 2: In einem HTML–Dokument Text formatieren

Um eine Textpassage als Überschrift hervorzuheben und vom restlichen Text abzugrenzen, muss dieser Text besonders gekennzeichnet werden.
Setze vor den Text *Dies ist die Homepage der Schule.* ein <h1> und dahinter ein </h1>.

Text lässt sich jedoch auch durch andere Hervorhebungen kennzeichnen. Setze vor die Worte *WahlPflichtKurse:* (WPK) <i> und dahinter </i>, um den Text kursiv erscheinen zu lassen.
Die Jahrgangsstufe *Klasse 6* soll mit <b> und </b> (Fettdruck) eingerahmt und der letzte komplette Satz mit <u> und </u> unterstrichen werden.
Speichere die Datei unter dem Namen „aufgabe_02.html" und sieh dir das Ergebnis im Internet Explorer an.

Mit welchen Tags (Befehlen) kann Text formatiert werden?

Die folgende Liste stellt einige Tags (Befehle) zur Textformatierung vor:

Tag (Befehl)	Darstellung im Browser
<h1> ... </h1>	sehr große Überschrift
<h2> ... </h2>	große Überschrift
...	...
<h5> ... </h5>	kleinere Überschrift
<h6> ... </h6>	sehr kleine Überschrift
<p> ...</p> (vor und hinter jeden Absatz)	einzeln eingerückte Absätze
  (nur einmal pro Zeilenumbruch setzen)	Zeilenumbruch
<u> ... </u>	Unterstreichen
<i> ... </i>	kursiv setzen
<b> ... </b>	Fettdruck
<center> ... </center>	zentrieren

Deutsche Umlaute und das "ß" müssen in einer besonderen Form in den HTML-Text eingefügt werden, damit sie auf jedem Browser richtig angezeigt werden können.

Zeichenfolge	Zeichen/Darstellung im Browser
&auml;	ä
&Auml;	Ä
&uuml;	ü
&Uuml;	Ü
&ouml;	ö
&Ouml;	Ö
&szlig;	ß
	Leerzeichen

40

Aufgabe 3: Einen vorgegebenen Text in einem HTML-Dokument formatieren

Den folgenden Text (im Kasten unten) findest du auch im Ordner unseres Kurses. Kopiere diesen Text in den Texteditor und ergänze ihn so mit HTML-Tags aus den Tabellen oben, dass er im Internet Explorer auf dieselbe Weise wie hier angezeigt wird. Löse dabei die Umlaute wie in der Tabelle oben auf. Denke daran, dass du zu Beginn ein HTML-Grundgerüst erstellst, in das du den Text einfügst.

HTML-Editoren

Grundsätzlich unterscheidet man zwei Arten von HTML-Editoren: **WYSIWYG** („What you see is what you get") und *quelltextbasierte Editoren*.
Die erste Sorte zeichnet sich dadurch aus, dass es keinerlei oder nur geringer HTML-Kenntnisse bedarf, um mit ihnen arbeiten zu können. Per „drag and drop"-Funktion zieht der Benutzer Elemente, die er einbauen möchte, an die Stelle, an der sie später erscheinen sollen. Das Programm erstellt dann im Hindergrund den dazu benötigten HTML-Quelltext.

Manche Programme dieser Sorte (z. B. Netobjects fusion) beinhalten auch die Möglichkeit, sich eine Gesamtstruktur erstellen zu lassen (insbesondere: interne Verlinkung) oder auch eine *FTP-Funktion*, mit der die Daten auf den **Server** automatisch hochgeladen werden können.
Durch *vorgefertigte Layout-Vorlagen* können Ideen schnell umgesetzt und im Internet publiziert werden, was vor allem für Anfänger ein Anreiz ist, die sich nicht die Mühe machen wollen, erst noch Programmieren zu lernen.

Sebastian Freudenberger: Einführung in HTML · Best.-Nr. 518
© Brigg Pädagogik Verlag GmbH, Augsburg

Lässt sich Text auch anders formatieren (zum Beispiel vergrößern)?

Texte lassen sich nicht nur durch Tags formatieren, sondern auch durch Attribute, die den Tags als Eigenschaften angefügt werden.

Attribute werden grundsätzlich als Zusatz hinter dem jeweiligen Steuerbefehl eingefügt. Beim Beenden des Tags muss das verwendete Attribut nicht erneut genannt werden, da das Attribut eine Eigenschaft des umgebenden Tags ist und mit dessen Beendung aufgehoben wird.

Zum Beispiel soll eine Überschrift in der Mitte des Browserfensters erscheinen. Der HTML-Quelltext hierzu lautet:
<h1 **align=„center"**>Dies ist eine zentrierte Überschrift</h1>

Attribute bestehen aus zwei Angaben: erstens dem Attributsnamen und zweitens einem zugeordneten Wert. Beide Teile werden durch '=' miteinander verbunden **<Tag Attribut=„Wert">**.

Es gibt Attributswerte, die grundsätzlich in Anführungszeichen gesetzt werden müssen (beispielsweise Verweise auf Dateinamen). Es empfiehlt sich daher, alle Attribute in Anführungszeichen zu setzen, um sie an entscheidenden Stellen nicht zu vergessen.

Neben den Überschriften lassen sich auch Absätze ausrichten. Dazu verwendet man den **<p>**-Tag, um einen Absatz zu markieren, der ausgerichtet werden soll. Mit dem **<div>**-Tag lässt sich ein Bereich festlegen, der formatiert werden kann. Dieser Bereich kann nicht nur Text enthalten, sondern zum Beispiel auch Grafiken oder Listen.

In der folgenden Liste sind einige Attribute zur Ausrichtung von Überschriften, Absätzen und Bereichen angegeben.

Tag (Befehl)	Darstellung im Browser
<p align= „left"> ... </p>	linksbündiger Absatz
<h1 align=„right"> ... </p>	rechtsbündige Überschrift
<div align=„center"> ... </p>	zentrierter Bereich
<p align=„justify"> ... </p>	Blocksatz

Im folgenden Beispiel wurde der Text (Überschrift und Absätze) mit Hilfe von Attributen ausgerichtet:

```
<html>
        <head>
                <title>Titel der Seite</title>
        </head>
        <body>
        <h1 align=„center">Überschrift</h1>
        <br>
        <p align=„left">Dieser Text ist linksbündig.</p>
        <p align=„right">Dieser Text ist rechtsbündig.</p>
        <p align=„justify">Dieser Text ist im Blocksatz gesetzt.</p>
        </body>
</html>
```

42

Die Überschrift wird im Browserfenster zentriert dargestellt. Der erste Absatz linksbündig, der zweite rechtsbündig und der dritte wird über die gesamte Zeile gestreckt.

Überschrift

Dieser Text ist linksbündig. Dieser Text ist linksbündig. Dieser Text ist linksbündig. Dieser Text ist linksbündig. Dieser Text ist linksbündig. Dieser Text ist linksbündig. Dieser Text ist linksbündig.

Dieser Text ist rechtsbündig. Dieser Text ist rechtsbündig. Dieser Text ist rechtsbündig. Dieser Text ist rechtsbündig. Dieser Text ist rechtsbündig. Dieser Text ist rechtsbündig. Dieser Text ist rechtsbündig.

Dieser Text ist im Blocksatz gesetzt. Dieser Text ist im Blocksatz gesetzt. Dieser Text ist im Blocksatz gesetzt. Dieser Text ist im Blocksatz gesetzt. Dieser Text ist im Blocksatz gesetzt. Dieser Text ist im Blocksatz gesetzt. Dieser Text ist im Blocksatz gesetzt.

Aufgabe 4: Einen Text mit Attributen ausrichten

Kopiere den Text aus der Datei „Zauberlehrling.pdf" aus dem Ordner „A4" in den Texteditor. Erstelle ein HTML-Grundgerüst, damit der Internet Explorer deine HTML-Datei später anzeigen kann. Formatiere das Gedicht mit Attributen, sodass es im Internet Explorer so angezeigt wird, wie die Datei „Zauberlehrling.pdf" es zeigt.
Speichere deine HTML-Datei und öffne sie anschließend mit dem Internet Explorer. Vergleiche dein Ergebnis mit der Datei „Zauberlehrling.pdf".

Hinweis: Der Name des Autors kann als Überschrift festgelegt werden, die einzelnen Strophen sollten als Absätze <p> markiert und dann formatiert werden. Verwende dabei nur <i>, <u> und <b> als Tags.

Die Schriftgröße lässt sich mit dem <font>-Tag variieren. Dieser wird wie alle Tags vor und hinter den zu formatierenden Text gesetzt.

Tag (Befehl)	Darstellung im Browser
<font size=„**+2**"> ... </font>	vergrößert die Schrift um den fettgedruckten Wert (in Pixeln)
<font size=„**-1**"> ... </font>	verkleinert die Schrift um den fettgedruckten Wert (in Pixeln)
<font size=„**7**"> ... </font>	stellt die Schrift in der Größe (in Pixeln) des fettgedruckten Wertes dar

Aufgabe 5: Schriftgröße mit dem Font-Tag variieren

Erstelle die folgende Datei mit dem Text-Editor.

Texte mit dem Font-Tag formatieren

Dieser Satz hat normale Schriftgröße!

Dieser Satz erhielt das Attribut size="+1"!

Dieser Satz erhielt das Attribut size="+2"!

Dieser Satz erhielt das Attribut size="+3"!

Dieser Satz erhielt das Attribut size="+4"!

Dieser Satz erhielt das Attribut size="-1"!

Dieser Satz erhielt das Attribut size="-2"!

Dieser Satz erhielt das Attribut size="1"!

Dieser Satz erhielt das Attribut size="2"!

Dieser Satz erhielt das Attribut size="3"!

Dieser Satz erhielt das Attribut size="4"!

Dieser Satz erhielt das Attribut size="5"!

Dieser Satz erhielt das Attribut size="6"!

Dieser Satz erhielt das Attribut size="7"!

ZUSATZ: Im Ordner unseres Kurses findest du eine Zusatzaufgabe zu Aufgabe 5.

Aufgabe 6: Schriftgrößen auf ihre Tauglichkeit prüfen

Überlege dir, welche der Schriftgrößen in Aufgabe 5 sinnvoll auf einer Homepage eingesetzt werden können. Welche Schriftgrößen sollten vermieden werden und warum?

Wie kann man Texte und den Hintergrund farbig gestalten?

Im <body>-Tag lässt sich in Form des Attributs „bgcolor" die Hintergrundfarbe für das Dokument festlegen. Die einzelnen zur Verfügung stehenden Farben werden immer als Hexadezimalcode (Zahlencode mit der Basis 16) angegeben, der mit „#" eingeleitet wird.

Zum Beispiel wird mit
<body bgcolor=„#0000FF">
der Hintergrund des Browserfensters blau.

Mit dem <font>-Tag lässt sich die Farbe des Textes verändern. Dazu wird z. B. vor den ein-zufärbenden Text **<font color=„#00FF00">** und dahinter **</font>** gesetzt. In diesem Fall erscheint der Text grün.

In der folgenden Liste findest du die gebräuchlichsten Farben als Hexadezimalcode. Alle Farben werden immer als eine Kombination aus den Ziffern „1" bis „9" und „0" sowie den Buchstaben „A" bis „F" angegeben. Der Hexadezimalcode ist dabei immer **sechsstellig**! Weitere Farben findest du, wenn du im Internet nach den Begriffen „Farben" und „HTML" suchst.

Hexadezimalcode	Dargestellte Farbe im Browser
FFFFFF	weiß
000000	schwarz
FF0000	rot
FFFF00	gelb
00BF00	grün
0000FF	blau
800000	braun
808080	grau
00FF00	hellgrün
00FFFF	hellblau
C0C0C0	hellgrau
FF00FF	rosa
800080	lila
FF5F00	orange

Der Vordergrund (z. B. Schriften) sollte sich deutlich vom Hintergrund abheben. Dazu ist ein geeigneter Kontrast zu wählen, der sich nicht nur durch den Farbton, sondern auch durch die Helligkeit auszeichnet. Durch das Einbringen zu vieler Farben entsteht ein buntes Durcheinan-der. Dies erschwert die Informationssuche und stört das Gesamterscheinungsbild. Gerade mit kräftigen Farben sollte daher sparsam umgegangen werden (Faustregel: fünf Farben pro Seite sind bereits fast zu viel!).

Aufgabe 7:

Probiere verschiedene Schriftfarbe in einem von dir erstellten HTML-Dokument aus. Benutze dazu die Hexadezimalcodes aus der Tabelle oben und/oder denke dir eigene Farbcodes aus. Schreibe die Hexadezimalcodes der von dir erprobten Farben und die jeweilige Farbe auf.

Farbe	Hexadezimalcode		Farbe	Hexadezimalcode

Größere Flächen (Hintergründe) sollten, wenn überhaupt, mit hellen Farben gefüllt werden. Details (Text, einzelne Bestandteile des Vordergrundes) hingegen können durch intensivere Farben hervorgehoben werden. Zu beachten ist dabei, dass die Farben für Hinter- und Vordergrund in Abhängigkeit voneinander sinnvoll gewählt werden (selbst intensives Gelb ist auf Weiß kaum zu erkennen). Die Kombination intensiver Farben als Vorder- und Hintergrund sollte vermieden werden. Ein kräftiges Rot in Verbindung mit Blau wirkt auf den Betrachter eher unangenehm. Zu beachten ist auch, dass es Menschen gibt, die die Farben Rot und Grün sowie Grün und Blau nicht unterscheiden können. Daher sind diese Kombinationen eher unvorteilhaft.

Aufgabe 8:

Probiere verschiede Farbkombinationen für Hintergrundfarbe und Schriftfarbe in einem von dir erstellten HTML-Dokument aus. Beachte dabei die Hinweise aus dem Text zu dieser Aufgabe. Schreibe Farben, die gut zusammen passen in die folgende Tabelle.

Hintergrund		Schrift	
Farbe	Hexadezimalcode	Farbe	Hexadezimalcode

Bei der Verwendung von Farbsymboliken ist zu beachten, dass Farben in verschiedenen Kulturen unterschiedliche Bedeutungen haben können. Des Weiteren sind die Bedeutungen der Farben innerhalb unseres Kulturkreises nicht immer eindeutig. Allgemein durchgesetzt haben sich jedoch: Rot für „falsch"/„Gefahr", Grün für „richtig", Schwarz-Gelb für „Achtung" (bei Warnschildern).

Aufgabe 9: Eine farbige HTML-Datei erstellen

Erstelle eine HTML-Datei mit folgenden Eigenschaften:

1. Als angezeigter *Titel* (in der blauen Zeile des Internet Explorers) soll: „Himmel-HTML" erscheinen

2. Die Hintergrundfarbe soll **hellblau** sein.

3. In der oberen rechten Ecke soll das Wort „Sonne" in **gelb** stehen (verwende <h1>).

4. In der Mitte soll eine „Wolke" in **weißer** Schrift stehen (verwende <h2>).

5. Unten links soll ein „Regenbogen" erscheinen: färbe die Buchstaben „Re" **rot**, „ge" **orange**, „nb" **gelb**, „og" **grün**, „en" **blau** und zwei Ausrufungszeichen hinter dem Wort „Regenbogen" **lila**.

6. Wenn du möchtest, kannst du auch noch einen **grauen** „Vogel" einfügen

Hinweis: Falls du unsicher bist, wie deine HTML-Datei aussehen soll, findest du im *Ordner „A9" die Datei „Himmel.pdf". Öffne sie und sieh sie dir an.*

ZUSATZ: Im Ordner unseres Kurses findest du eine Zusatzaufgabe zu Aufgabe 9.

Wie lässt sich die Schriftart verändern?

Standardmäßig ist „Times New Roman" als Schriftart im Browser (z. B. den Internet Explorer) eingestellt. Jeder Text wird also automatisch in „Times New Roman" angezeigt. Will man die Schriftart verändern, so fügt man vor dem darzustellenden Text den <font>-Tag in Verbindung mit dem Attribut „face" ein. Dahinter wird der Font-Tag wieder wie üblich geschlossen, also ohne das Attribut zu wiederholen.

Als Attributswert wird einfach die gewünschte Schriftart eingesetzt (z. B. **<font face= „comic sans ms">** Dieser Text wird in Comic Sans Ms dargestellt. **</font>**). Im Browser erscheint dann:

Dieser Text wird in Comic Sans Ms dargestellt.

In der folgenden Liste findest du die gebräuchlichsten Schriftarten und eine Vorschau, wie sie dargestellt werden.

gewählte Schriftart	Darstellung im Browser
Times New Roman	Times New Roman
Arial	Arial
Impact	**Impact**
Comic Sans Ms	Comic Sans Ms
Courier New	Courier New
Georgia	Georgia
Microsoft Sans Serif	Microsoft Sans Serif
Verdena	Verdena

Aufgabe 10: Die Schriftart eines Textes ändern

1. Als angezeigter *Titel* (in der blauen Zeile des Internet Explorers) soll: „Schriftarten - HTML" erscheinen

2. Das Dokument soll eine Überschrift in Arial besitzen: „Mit HTML lassen sich auch verschiedene Schriftarten erzeugen"

3. Es soll aus 4 Absätzen bestehen, die jeweils in einer anderen Schriftart gesetzt sind (wähle selbst aus der Tabelle oben aus):

„Mit dem Font-Tag definierst du einen Bereich für Schriftformatierung. Wenn du Textabsätze damit auszeichnen willst, musst du das Font-Element jedesmal innerhalb des Absatz-Tagbereiches notieren. Die Browser sehen es zwar nicht so eng, wenn du es schlampiger verwendest, aber dann ist es nicht mehr HTML-Standardkonform."

Innerhalb des <font>-Tags lassen sich verschiedene Attribute miteinander kombinieren. So kann zum Beispiel Text um den Wert +2 vergrößert und gleichzeitig in einer anderen Schriftart (beispielsweise Arial) dargestellt werden. Hierzu wird in den Font-Tag sowohl „size="+2" " als auch „face="arial" ": **<font size="+2" face="arial">** gesetzt. Beim Schließen des <font>-Tags wird keins der Attribute wiederholt!

Aufgabe 11: Verschiedene Attribute innerhalb des Font-Tags kombinieren

Erstelle nach der Vorlage „font-tag.pdf" in Ordner „A11" eine HTML-Datei, die im Browser so angezeigt wird, wie in der pdf-Datei dargestellt. Übernimm dabei auch alle Absätze und die Absatzausrichtung im Blocksatz!

Hinweis: Lies dir den Text genau durch. Der Text sagt dir im Zweifelsfall, wie die einzelnen Textteile zu formatieren sind. Sieh für den Hexadezimalcode der Farben in der Farbtabelle nach!

ZUSATZ: Im Ordner unseres Kurses findest du eine Zusatzaufgabe zu Aufgabe 11.

Wie werden Links (Verweise) erstellt?

Hypertext lebt von den Links, die eine logische Verknüpfung verschiedener Textstellen oder Dokumente darstellen.

Eine Referenz (Sprung, Verweis) innerhalb eines Dokuments wird erzeugt, indem man folgende zwei Schritte vollzieht:

1. Das Ziel des Links muss definiert werden, damit der Browser später weiß, wohin er springen soll. Dazu gibt man an die als **Ziel (Sprungmarke)** dienende Stelle in den HTML-Quelltext **<a name="Zielname">** ein und schließt diesen Tag nach der jeweiligen Textpassage etc. mit **</a>** ab.
2. Die Stelle, von der aus gesprungen werden soll (**Sprungstelle**), muss gekennzeichnet werden. Dies geschieht durch **<a**

href="#Zielname">...</a>. Wichtig ist, die Raute nicht zu vergessen, damit der Browser die korrekte Sprungmarke (Ziel) findet. Anstelle der Auslassungspunkte wird ein prägnanter Linktext eingegeben. Dieser sollte nicht zu lang sein und in logischem Zusammenhang zum Ziel stehen. Standardmäßig wird dieser Linktext im Browser unterstrichen und eingefärbt.

Außerdem musst du sicherstellen, dass der Wert bei name="beispiel" und href="#beispiel" (bis auf die Raute) <u>identisch</u> ist. Auch die Groß- und Kleinschreibung ist hierbei zu beachten, sonst funktioniert der Link nicht!

Das folgende Beispiel enthält Links, die als Index in den darunter liegenden Text führen.

```html
<body>
    <h1>Links</h1>
    <br>
    <b>Die folgende Liste mit Links führt in den Text unten.</b>
    <br>
    <br>
    <a href="#erstens">Dieser Satz führt als Link zum ersten Absatz</a>
    <br>
    <a href="#zweitens">Dieser Satz führt als Link zum zweiten Absatz</a>
    <br>
    <a href="#drittens">Dieser Satz führt als Link führt zum dritten Absatz</a>
    <br>

    <p><a name="erstens">Dies ist der erste Absatz.</a> Der Link oben verweist auf den ersten
    Satz innerhalb dieses Absatzes. Dazu wurde der erste Satz in diesem Absatz als Ziel markiert.
    Klickt man auf den Link oben, so springt die Browseransicht zu diesem Ziel.</p>

    <p><a name="zweitens">Dies ist der zweite Absatz.</a> Der Link oben verweist auf den ersten
    Satz innerhalb dieses Absatzes. Dazu wurde der erste Satz in diesem Absatz als Ziel markiert.
    Klickt man auf den Link oben, so springt die Browseransicht zu diesem Ziel.</p>

    <p><a name="drittens">Dies ist der dritte Absatz.</a> Der Link oben verweist auf den ersten Satz
    innerhalb dieses Absatzes. Dazu wurde der erste Satz in diesem Absatz als Ziel markiert. Klickt
    man auf den Link oben, so springt die Browseransicht zu diesem Ziel.</p>

    <p>Der Effekt der <i>internen Verlinkung</i> macht sich jedoch erst <u>bei längeren Texten </u>
    bemerkbar. Außerdem ist es auch nur sinnvoll, einen Text mit internen Links zu versehen, wenn
    er so lang ist, dass er nicht komplett im Browserfenster angezeigt werden kann.</p>
</body>
```

Hier ist die Browseransicht dieser HTML-Datei abgebildet:

Links

Die folgende Liste mit Links führt in den Text unten.

Dieser Satz führt als Link zum ersten Absatz
Dieser Satz führt als Link zum zweiten Absatz
Dieser Satz führt als Link führt zum dritten Absatz

Dies ist der erste Absatz. Der Link oben verweist auf den ersten Satz innerhalb dieses Absatzes. Dazu wurde der erste Satz in diesem Absatz als Ziel markiert. Klickt man auf den Link oben, so springt die Browseransicht zu diesem Ziel.

Dies ist der zweite Absatz. Der Link oben verweist auf den ersten Satz innerhalb dieses Absatzes. Dazu wurde der erste Satz in diesem Absatz als Ziel markiert. Klickt man auf den Link oben, so springt die Browseransicht zu diesem Ziel.

Dies ist der dritte Absatz. Der Link oben verweist auf den ersten Satz innerhalb dieses Absatzes. Dazu wurde der erste Satz in diesem Absatz als Ziel markiert. Klickt man auf den Link oben, so springt die Browseransicht zu diesem Ziel.

Der Effekt der *internen Verlinkung* macht sich jedoch erst bei längeren Texten bemerkbar. Außerdem ist es auch nur sinnvoll, einen Text mit internen Links zu versehen, wenn er so lang ist, dass er nicht komplett im Browserfenster angezeigt werden kann.

Aufgabe 12: Verlinkung innerhalb einer Datei/Erstellung eines Index

Im Ordner „A12" befindet sich die Datei „verlinkung01.html". Kopiere diese Datei auf deinen Computer. Bearbeite sie anschließend so, dass die oben aufgezählten Absatzüberschriften als Links zu den jeweiligen Absätzen führen.

Hinweis: Die Überschrift oben ist die Sprungstelle <a href="#..."> und die Überschrift über dem jeweiligen Absatz ist die Sprungmarke <a name="...">.

ZUSATZ: Füge unter jedem Absatz das Wort „zurück" ein und verlinke es mit dem Anfang des Dokuments (oberste Überschrift).

Bei Links, die aus einem Dokument herausführen, muss die relative Lage zum „aktuellen" Dokument, das diesen Link enthält, angegeben werden. Befindet sich ein Dokument im selben Verzeichnis (Ordner), so genügt als Linkangabe z. B. **<a href= "fotos.html">...</a>**.

Aufgabe 13: Verlinkung mit einer externen Datei

Erstelle zwei HTML-Dokumente:

1. „start.html": Dieses Dokument soll einen Link enthalten, der zu dem zweiten HTML-Dokument „ziel.html" führt.

2. „ziel.html": Dieses Dokument soll das Wort „Ziel" als Text enthalten (<h1>-Tag). Überprüfe deinen Link im Internet Explorer.

Hinweis: Achte darauf, dass du beide Dateien in einem Ordner speicherst.

Liegt die Zieldatei in einem untergeordneten Verzeichnis, so muss vor den Dateinamen dieses Verzeichnis mit einem anschließenden Schrägstrich „/" ergänzt werden:
<a href="unterverzeichnis/news.html">...</a>.

Es besteht auch die Möglichkeit, auf eine höherliegende Ebene zu referieren. Dabei liegt die Zieldatei dann in einem übergeordneten Ordner und wird mit
<a href= "../infos.html"> ...</a> verlinkt. Diese Befehle lassen sich beliebig kombinieren.

Aufgabe 14: Verlinkung mit einer externen Datei in einem untergeordneten Ordner

Kopiere den Ordner „zielordner" in deinen Ordner. Erstelle ein HTML-Dokument, das einen Link zu der Datei „zieldatei.html" im Ordner „zielordner" enthält (die benötigten Dateien findest du im Ordner „A14"). Überprüfe, ob dein Link funktioniert.

Bei Verweisen auf Dokumente im Internet ist entscheidend, dass der Server angegeben wird, auf dem das Zieldokument zu finden ist. So muss zum Beispiel, um auf dem Server „party.de" das Dokument „abi-ball.html" zu erreichen

**<a href="http://www.party.de/abi-ball.html">
...</a>** in den Quelltext eingebunden werden. Nach der Angabe des Servers, die grundsätzlich mit 'http://' eingeleitet wird, steht ein obligatorischer Schrägstrich '/'.

Aufgabe 15: Links zu Internetseiten legen, eine Linksammlung erstellen

Suche im Internet nach drei bis vier Seiten, die du interessant findest. Erstelle ein HTML-Dokument, das Links zu den von dir herausgesuchten Seiten enthält. Speichere dieses von dir erstellte HTML-Dokument unter dem Namen „linksammlung.html" in deinem Ordner.

Wird ein Link in einem HTML-Dokument aktiviert, so erscheint das Ziel(-Dokument) in demselben Fenster, in dem sich der Benutzer zuvor bewegte. Dies bedeutet, dass der Nutzer, wenn er zum Ausgangsdokument zurückkehren möchte, den „Zurück"-Button des Browsers benutzen muss. Dies wirkt störend und behindert zum Teil die Informationssuche.

Schließt der Benutzer gar das Browserfenster, hat er keine Möglichkeit mehr, auf die zuvor genutzte Seite zuzugreifen, es sei denn, er

gibt die Adresse erneut in die Adresszeile des Browsers ein.

Um diese Probleme zu umgehen, kann man Links so definieren, dass sich die Zieldatei in einem eigenen Browserfenster öffnet, wobei der Ausgangspunkt im „alten" Fenster im Hintergrund erhalten bleibt. Hierzu ergänzt man den <a>-Tag um das Attribut target in Verbindung mit dem Wert "_blank":
<a href=http://www.party.de/abi-ball.html target=_blank>...</a>.

Aufgabe 16: Links erstellen, die in einem separaten Fenster geöffnet werden

Öffne dein HTML-Dokument „linksammlung.html" mit dem Text-Editor. Erweitere deine Links um das Attribut *target="_blank"*, sodass deine Links in einem separaten Fenster geöffnet werden. Überprüfe, ob deine Links wie gewünscht funktionieren.

Wie können Bilder in ein HTML-Dokument eingefügt werden?

Das Einfügen von Grafiken funktioniert mit dem Tag **<img src="... /bildname.dateiart">**, wobei anstelle der Auslassungspunkte die relative Lage zum aktuellen HTML-Dokument anzugeben ist. Die hierzu nötigen Eingabebefehle haben wir bereits im Bereich der Verlinkung kennengelernt.

Wichtig ist neben der genauen Angabe des Dateiortes, die Angabe des Dateitypen (z. B. „.jpg") nach dem Dateinamen. Ohne diese zusätzliche Angabe kann das Bild nicht eingebettet werden. Zurzeit werden häufig die Bildformate .jpg, .gif, .bmp und .png verwendet.

Soll die Grafik eingerahmt werden, so ergänzt man den Grafik-Tag um das *Attribut 'border'*.

Die Angabe der Rahmendicke erfolgt als Zahlwert (Pixelangabe): **<img src="bild.jpg" border="1">**.

Durch die Attribute *„width"* und *„height"* lässt sich die Breite bzw. die Höhe einer Grafik festlegen. Dabei ist es möglich, sowohl Pixelals auch Prozentangaben (bezogen auf die Bildschirmgröße) zu machen. Das Bild **<img src="bild.jpg" width="100" height="50">** besitzt eine Breite von 100 Pixeln und eine Höhe von 50 Pixeln, das Bild **<img src="bild. jpg" width="100%">** ist genauso breit, wie das gesamte Bildschirmfenster (also 100% des Bildschirmfensters).

Aufgabe 17: Grafiken in ein HTML-Dokument einbinden

Erstelle eine HTML-Datei, die folgende Grafiken enthält:

1. Die Grafik „schuh.jpg" soll in einem Rahmen mit der Breite 5 Pixel dargestellt werden.

2. Die Grafik „herr.jpg" soll mit der Breite 100 Pixel dargestellt werden.

3. Die Grafik „planet.jpg" soll 5% der Bildschirmbreite ausmachen.

4. Die Grafik „matrix.jpg" soll mit einer Breite von 100 Pixeln und 10% der Bildschirmhöhe dargestellt werden.

Hinweis: Die notwendigen Grafiken findest du im Ordner „A17".

ZUSATZ: Im Ordner unseres Kurses findest du die Grafiken für eine Zusatzaufgabe zu Aufgabe 17.

Erstelle eine weitere HTML-Datei, die folgende Grafiken enthält:

1. Die Grafik „erde.jpg" soll mit der Breite 150 Pixel und der Höhe 70 Pixel dargestellt werden.

2. Die Grafik „baum.jpg" soll mit der Höhe 150 Pixel und der Breite 90 Pixel dargestellt werden.

3. Die Grafik „kaminfeuer.jpg" soll 25% der Bildschirmbreite und 30% der Bildschirmhöhe ausmachen.

4. Die Grafik „flugzeug.jpg" soll mit 10% der Bildschirmhöhe dargestellt werden und einen 3 Pixel-breiten Rahmen haben.

5. Die Grafik „webervogel.jpg" soll mit der Breite 150 Pixel und einem Rahmen von 10 Pixeln dargestellt werden.

6. Die Grafik „auto_im_pool.jpg" soll mit 60 % der Bildschirmhöhe und einem Rahmen von 8 Pixeln dargestellt werden.

Über das *Attribut „alt"* besteht die Möglichkeit, einen alternativen Text einzugeben, der angezeigt wird, falls eine Grafik nicht dargestellt werden kann. Dieser Text wird in manchen Browsern z. B. dem InternetExplorer auch angezeigt, wenn man den Mauszeiger über die Grafik bewegt.

Zum Beispiel wird bei **<img src="maus.jpg" alt="Hier kommt die Maus!">** der Text „Hier kommt die Maus!" sichtbar, wenn man mit dem Mauszeiger über die Grafik fährt.

Aufgabe 18: Grafiken mit dem Attribut „alt" versehen

Füge bei jeder Grafik aus Aufgabe 17 den Filmtitel mit dem Attribut „alt=" ein. Überprüfe im Browser, ob die Titel angezeigt werden, wenn du mit der Maus über die Grafiken fährst.

ZUSATZ: Füge bei jeder Grafik aus der Zusatzaufgabe 17 – Zusatz eine Bildbeschreibung mit dem Attribut „alt=" ein. Überprüfe im Browser, ob die Beschreibungen der Bilder angezeigt werden, wenn du mit der Maus über die Grafiken fährst.

Bilder können auch als Hintergrundgrafiken (sogenannte Wallpapers) eingesetzt werden. Im <body>-Tag wird das Attribut 'bgcolor' durch 'background' ersetzt. Als Wert wird die gewünschte Grafik angegeben: **<body background="grafik.jpg">**.

Aufgabe 19: Eine Grafik als Hintergrundbild festlegen

Erstelle eine HTML-Datei, in die du das Bild „hintergrund.jpg" (Ordner „A19") als Hintergrundbild einfügst.

ZUSATZ: Im Ordner unseres Kurses findest du eine Zusatzaufgabe zu Aufgabe 19. Benutze die Grafik „hintergrund.jpg" als Hintergrundbild und füge die zu jedem Filmplakat den Titel mit dem Attribut „alt=" ein.

Manchmal möchte man eine Grafik als Link einsetzen, um z. B. von einem Logo (dem Schullogo) aus auf die Startseite (der Homepage) zu verlinken. Dazu setzt man anstelle des Linktextes den Grafik-Tag in den Link-Tag ein:

<a href="http://www.uni-hannover.de"> <img src="logo_uni-hannover.jpg"></a>.

Wird das Logo angeklickt, so gelangt man zur Startseite der Universität Hannover.

Durch die Verlinkung einer Grafik wird jedoch ein Rahmen um die Grafik erzeugt, der wie die Unterstreichung beim Text den Link kenntlich machen soll. Dies kann u. U. sehr störend wirken! Um diesen automatischen Rahmen zu unterdrücken, setzt man den Wert für das *Attribut 'border'* im Image-Tag gleich Null.

Beispiel: **<a href=http://www.uni-hannover.de"> <img src="logo_uni-hannover.jpg" border="0"> </a>**.

Aufgabe 20: Eine Grafik als Link nutzen

Erstelle eine HTML-Datei, in die du die Grafik „giga.jpg" einbaust (Die Grafik findest du im Ordner „A20".). Lege einen Link von der Grafik „giga.jpg" auf die Internetseite www.giga.de. Überprüfe, ob dein Link funktioniert. Entferne anschließend den Rahmen um die Grafik.

Wie lassen sich Inhalte in Form von Listen aufzählen?

Will man in ein HTML-Dokument eine Auflistung einbringen, so hat man grundsätzlich drei verschiedene Möglichkeiten der Umsetzung: unnummerierte, nummerierte und Definitionslisten. Hier werden nur die ersten beiden Arten behandelt.

Sowohl bei unnummerierten als auch bei nummerierten Listen werden mit dem Tag **<li>** die **einzelnen Listenelemente** erzeugt: **<li>Käsekuchen</li>**.

Um eine **unnummerierte Liste** zu definieren, wird der Tag **<ul>** verwendet. Die einzelnen Inhalte der Liste werden dann standardmäßig mit einem schwarzen, runden Punkt aufgezählt. Durch das *Attribut „type"* kann mit dem Wert *'square'* ein Viereck und mit *'circle'* ein leerer Kreis als Aufzählungszeichen erzeugt werden.

Eine einfache Liste kann wie folgt aussehen:

Quelltext	Browseransicht

``html
<html>
  <head>
    <title>Listen in HTML</title>
  </head>
  <body>
    <h1>Einkaufsliste</h1>
    <ul>
      <li>Käse</li>
      <li>2 Liter Milch</li>
      <li>10 Eier</li>
    </ul>
  </body>
</html>
``
	Einkaufsliste
	
	• Käse
	
	• 2 Liter Milch
	
	• 10 Eier

Mit dem Attribut type=„circle" im <ul>-Tag sieht sie dann so aus:

Quelltext	Browseransicht

``html
<html>
  <head>
    <title>Listen in HTML</title>
  </head>
  <body>
    <h1>Einkaufsliste</h1>
    <ul type="circle">
      <li>Käse</li>
      <li>2 Liter Milch</li>
      <li>10 Eier</li>
    </ul>
  </body>
</html>
``
	Einkaufsliste
	
	○ Käse
	
	○ 2 Liter Milch
	
	○ 10 Eier

Wie lassen sich Inhalte in Form von Listen aufzählen?

Aufgabe 21: Unnummerierte Listen erstellen

Erstelle die beiden folgenden Listen untereinander (!) als HTML-Dokument.

Städte nach ihrer Einwohnerzahl

○ Berlin (über 1.000.000)
○ Essen (500.000 bis 1.000.000)
○ Chemnitz (250.000 bis 500.000)
○ Mainz (100.000 bis 250.000)
○ Görlitz (50.000 bis 100.000)
○ Nordenham (25.000 bis 50.000)
○ Kronach (10.000 bis 25.000)
○ Hitzacker (3.000 bis 10.000)
○ Mittenwalde (unter 3.000)

Freistaat Sachsen

■ Chemnitz
■ Dresden
■ Leipzig
■ Riesa
■ Görlitz

Nummerierte Listen erzeugt der Tag **<ol>**. Es besteht die Möglichkeit, durch das *Attribut "type"* verschiedene Formen der Nummerierung festzulegen: So ist die Standardeinstellung ordinale arabische Zählung (1., 2., 3., ...); durch den Wert „A" wird die Zählweise großgeschrieben alphabetisch (A., B., C., ...), durch

„a" kleingeschrieben alphabetisch (a., b., c., ...), durch „I" großgeschrieben römisch (I., II., III., ...) und durch „i" kleingeschrieben römisch (i., ii., iii., ...).

Zwei Beispiele sollen dies verdeutlichen:

Quelltext	Browseransicht

```<body>```
  ```<h1>Einkaufsliste</h1>```
  ```<ol>```
    ```<li>Käse</li>```
    ```<li>2 Liter Milch</li>```
    ```<li>10 Eier</li>```
  ```</ul>```
```</body>```
	Einkaufsliste
	
	1. Käse
	
	2. 2 Liter Milch
	
	3. 10 Eier

Mit dem Attribut type=„A" im <ol>-Tag sieht sie dann so aus:

Quelltext	Browseransicht

```<body>```
  ```<h1>Einkaufsliste</h1>```
  ```<ol type="A">```
    ```<li>Käse</li>```
    ```<li>2 Liter Milch</li>```
    ```<li>10 Eier</li>```
  ```</ul>```
```</body>```
	Einkaufsliste
	
	A. Käse
	
	B. 2 Liter Milch
	
	C. 10 Eier

Aufgabe 22: Nummerierte Listen erstellen

1. Erstelle die folgende Liste als HTML-Dokument. Ändere dabei die Aufzählung so, dass diese <u>kleine römische</u> Ziffern enthält.

   1. Asterix als Legionär
   2. Asterix und der Avernerschild
   3. Asterix bei den Olympischen Spielen
   4. Asterix und der Kupferkessel
   5. Asterix in Spanien
   6. Streit um Asterix

2. Erstelle die folgende Liste als HTML-Dokument. Ändere dabei die Aufzählung so, dass diese <u>große Buchstaben</u> als Aufzählungszeichen enthält.

   1. Einführung in HTML-Programmierung
   2. Textformatierung
   3. Textformatierung mit Attributen
   4. Farben
   5. Links
   6. Bilder
   7. Listen

Es können auch verschiedene Arten von Listen ineinander geschachtelt werden. Das folgende Beispiel zeigt wie:

Quelltext	Browseransicht

```<ol type="i">`` <li>Chemnitz</li> <li>Leipzig</li> <ol type="A"> <li>Hauptbahnhof</li> <li>Völkerschlachtdenkmal</li> <ul type="square"> <li>91 m hoch</li> <li>im Jahre 1931 eingeweiht</li> </ul> <li>Zoologischer Garten</li> </ol> <li>Dresden </li> </ol>```	i. Chemnitz
	ii. Leipzig
	   A. Hauptbahnhof
	   B. Völkerschlachtdenkmal
	      ■ 91 m hoch
	      ■ im Jahre 1931 eingeweiht
	   C. Zoologischer Garten
	iii. Dresden

Aufgabe 23: Eine geschachtelte Liste erstellen

Erstelle die folgende geschachtelte Liste als HTML-Dokument.

A. Einführung in HTML-Programmierung
  1. Tag-Struktur
  2. Grundgerüst einer HTML-Datei
B. Textformatierung
  i. Textformatierung mit Attributen
    ○ align
    ○ size
C. Farben
  I. Hexadezimalcode
  II. Schriftfarbe, Hintergrundfarbe
  III. Probleme bei der Verwendung von Farben
D. Links
  ○ Textlinks
    i. innerhalb des Dokuments
      ▪ Ziel (Anker)
      ▪ Sprungstelle
    ii. dokumentextern
      ▪ http://
E. Bilder
  1. Bilder einfügen
    i. Rahmen, Größe
  2. alternative Texte
  3. Bilder als Hintergrund
  4. Bilder als Links
F. Listen
  1. allgemeine Struktur von Listen
  2. verschiedene Aufzählungsmöglichkeiten
  3. Verschachtelung von Listen

Wie lassen sich Daten in Tabellen darstellen?

Mit dem Tag **<table>** wird die **Tabelle** „umrahmt". Die einzelnen **Zeilen** werden mit **<tr>** festgelegt. Die Anzahl der **Zellen** in einer Zeile wird dadurch bestimmt, wie oft der Tag **<td>** in den <tr>-Tag eingesetzt wird; wichtig ist, dass dabei die Anzahl der Zellen in allen Zeilen übereinstimmen muss (besonders bei verbundenen Zellen ist auf die Anzahl der Zellen pro Zeile zu achten)!

Um einen Rahmen um eine Tabelle zu legen, muss das *Attribut „border"* in den <table>-Tag eingefügt werden. Der eingesetzte Zahlenwert legt die Dicke des Rahmens in Pixeln fest (<table border="1">). Wird der Wert 'null' festgelegt oder das Attribut nicht gesetzt, so erscheint grundsätzlich kein Rahmen!

Ein Beispiel für eine Tabelle mit sechs Zellen:

Quelltext	Browseransicht

```<table border="1">```
  ```<tr>```
    ```<td>Zelle 1</td>```
    ```<td>Zelle 2</td>```
  ```</tr>```
  ```<tr>```
    ```<td>Zelle 3</td>```
    ```<td>Zelle 4</td>```
  ```</tr>```
  ```<tr>```
    ```<td>Zelle 5</td>```
    ```<td>Zelle 6</td>```
  ```</tr>```
```</table>```
	Zelle 1 Zelle 2
	Zelle 3 Zelle 4
	Zelle 5 Zelle 6

Aufgabe 24: Eine Tabelle erstellen

Erstelle die folgende Tabelle als HTML-Dokument.

oben links	oben Mitte	oben rechts
Mitte links	Mitte	Mitte rechts
unten links	unten Mitte	unten rechts

Sowohl die einzelnen Zellen als auch die gesamte Tabelle können mit Farben unterlegt werden. Hierzu verwendet man das *Attribut „bgcolor"* im <td>-Tag für einzelne Zellen und im <table>-Tag für die Färbung der gesamten Tabelle.

<td bgcolor="#00FF00"> erzeugt eine einzelne Zelle mit grünem Hintergrund.

<table bgcolor="#FF0000"> legt für die gesamte Tabelle die Hintergrundfarbe Rot fest.

Der Internet Explorer (ab Version 4.0) kann das *Attribut „bordercolor"* interpretieren und mithilfe dieses Attributs den Rahmen einfärben. Andere Browser sind dazu noch nicht in der Lage.

Wie lassen sich Daten in Tabellen darstellen?

Aufgabe 25: Eine farbige Tabelle erstellen

Die Datei „bunte_tabelle.pdf" (Ordner „A25") zeigt eine farbige Tabelle. Erstelle nach dieser Vorlage eine Tabelle als HTML-Dokument.

Hinweis: Verwende den <font>-Tag um die Schrift zu vergrößern. Vergiss nicht, das Attribut border="2" zu setzen.

Mit den *Attributen 'width'* und *'height'* lassen sich Breite und Höhe einer Tabelle im <table>-Tag festlegen. Die Angabe des Wertes kann als absolute Zahl erfolgen oder aber als Prozentangabe. Mit <table width="250" height="100"> wird die Tabelle 100 Pixel hoch und 250 Pixel breit dargestellt; mit <table width="60%" height="20%"> nimmt die Tabelle 60% der Bildschirmbreite und 20% der Bildschirmhöhe ein.

Der Vorteil der Prozentangabe ist, dass sich die Tabelle automatisch an die Auflösung des Browsers anpasst. Dies ist bei absoluten Zahlen nicht der Fall und kann zu Darstellungsproblemen führen (u. U. wird Scrollen erforderlich). Wird *„width"* oder *„height"* in den <tr>- bzw. <td>-Tag eingebaut, so lässt sich die jeweilige Zeile (bei <tr>) bzw. Spalte (bei <td>) formatieren. Die Mindestgröße einer Zelle/Tabelle wird jedoch durch den Inhalt bestimmt.

Aufgabe 26: Tabellen mit fester (bzw. variabler) Höhe und Breite erzeugen

Öffne die Datei „tabellen.pdf" (Ordner „A26"). Erzeuge die beiden dort dargestellten Tabellen als HTML-Dokument.

Hinweis: Die Angaben in den Zellen sollen zum einen als Zelleninhalte angezeigt werden und sind gleichzeitig die Höhen- und Breitenangabe für die jeweilige Zelle! Beachte die Angaben für die Gesamtbreite und -höhe der beiden Tabellen!

Text ausrichten

Ebenso wie sich die gesamte Tabelle im Dokument ausrichten lässt (vor der Tabelle den Tag <div align="…"> öffnen und dahinter schließen), lassen sich die Inhalte in den einzelnen Zellen ausrichten. Im <td>-Tag sorgt das *Attri-*but *'align'* mit den Werten 'left', 'center', 'right' für Links-, Mitte- oder Rechtsausrichtung des Zelleninhalts; beim *Attribut 'valign'* richten die Werte 'top', 'middle' und 'bottom' die Inhalte vertikal aus.

Einige Beispiele sollen dies verdeutlichen:

<td align="center" valign="top">Text</td>

<td align="left" valign="bottom">Text</td>

<td align="right" valign="middle">Text</td>

60

Text ausrichten

Aufgabe 27: Zelleninhalt ausrichten

Öffne die Datei „tabellenausrichtung.html"
(im Ordner „A27") mit dem Texteditor. Bearbeite
diese Datei so, dass sie folgendermaßen aussieht:

ZUSATZ: Im Ordner unseres Kurses findest du eine
Zusatzaufgabe zu Aufgabe 27. Stelle die
einzelnen Tabellen so ein, dass sie jeweils
eine Breite von 400 Pixeln und eine Höhe
von 200 Pixeln besitzen.

Inhalte in einer Tabelle ausrichten

	oben	
links	center	
	middle	rechts
	unten	

Über die *Attribute „cellpadding"* im <table>-Tag kann der Abstand der jeweiligen Zelleninhalte zum Zellenrand und über *„cellspacing"* die Abstände der Zellen zueinander definiert werden.

<table cellpadding="2"> erzeugt einen Abstand des Textes zum Zellenrand von 2 Pixeln:

<table cellspacing="3"> erzeugt einen Abstand der einzelnen Zellen untereinander von 3 Pixeln:

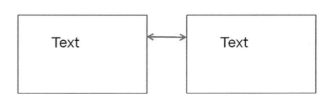

Sollen Inhalte lückenlos dargestellt werden, z. B. direkt aneinanderstoßende Grafiken, so erhalten beide Attribute den Wert '0': <table cellpadding="0" cellspacing="0">

Die beiden folgenden Grafiken demonstrieren die Verwendung der Attribute „cellpadding" und „cellspacing".

Wie lassen sich Daten in Tabellen darstellen?

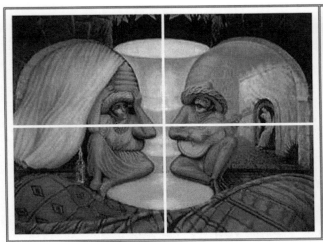
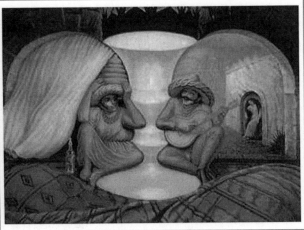

Die „zerstückelte Grafik" (eine Grafik in 4 einzelne Teile zerlegt) wurde in beiden Fällen in eine Tabelle mit 4 Feldern (2x2) eingebettet. Links wurden die Attribute „cellpadding" und „cellspacing" nicht gesetzt. Daher werden Zwischenräume zwischen den einzelnen Grafiken sichtbar. Rechts hingegen wurden beide Attribute auf „Null" gesetzt: <table celpadding="0" cellspacing="0">. Somit werden die einzelnen Grafiken lückenlos aneinandergefügt.

Aufgabe 28: ein Grafikpuzzle

Die Grafik unten wurde in 4 einzelne Grafiken zerlegt. Erstelle eine HTML-Datei, die eine Tabelle mit 4 Feldern (2x2 Felder) enthält. Füge die einzelnen Grafiken so in die Tabelle ein, dass die gesamte Grafik lückenlos dargestellt wird.

Hinweis: Verwende die Attribute „cellpadding" und „cellspacing",. Die benötigten Grafiken heißen „schiffe01.jpg", „schiffe02.jpg", „schiffe03.jpg" und „schiffe04.jpg" und befinden sich im Ordner „A28".

ZUSATZ: Im Ordner unseres Kurses findest du eine Zusatzaufgabe zu Aufgabe 28. Wähle ein Motiv aus und benutze dann die zugehörigen Grafiken wie in Aufgabe 28.

Die Aufteilung und Anordnung der Inhalte einer Webseite (Einzelseite) kann komfortabel über eine Tabelle geregelt werden. Dazu wird zunächst eine Tabelle erstellt, in die die unterschiedlichen Inhalte eingefügt werden können. Anschließend, wenn das Layout den eigenen Vorstellungen entspricht, setzt man die Rahmenstärke der Tabelle auf Null Pixel, sodass der Rahmen „verschwindet".

Zellen verbinden

Aufgabe 29: Den „Zauberlehrling" mit einer Tabelle layouten

Die Datei „zauberlehrling_tabelle.pdf" zeigt, wie man das Erscheinungsbild des Goethe-gedichts „Der Zauberlehrling" mit einer Tabelle verändern kann. Bearbeite den von dir gespeicherten „Zauberlehrling" so, dass er dem Erscheinungsbild der Datei „zauberlehr-ling_tabelle.pdf" entspricht (einschließlich der eingefügten Grafiken).

Hinweis: Die notwendigen Grafiken „zauberlehrling01.jpg", „zauberlehrling02.jpg" und „besen01.jpg", „besen02.jpg", „besen03.jpg" und „besen04.jpg" findest du im Ord-ner „A29".

<u>Zusatz:</u> Öffne im Quelltext der HTML-Datei vor der Grafik „zauberlehrling01.jpg" den Tag <marquee direction="left"> und schließe ihn mit </marquee> hinter der Grafik. Um die anderen Grafiken in der Datei zu animieren, wiederhole den <marquee>-Tag jeweils um die Grafik und gib bei direction die Bewegungsrichtung (up, down, left, right) an.

Zellen verbinden

Je nach Verwendungszweck der Tabelle kann es erforderlich sein, einzelne Zellen miteinan-der zu verbinden. Dazu stehen die *Attribute „colspan"* und *„rowspan"* zur Verfügung. Durch die Eingabe eines Zahlenwertes werden der Zahl entsprechend viele Zellen miteinander verbunden. „Überschüssige Zellen" müssen bei der Gestaltung der Tabelle weggelassen werden.

Das Attribut „colspan" verbindet Zellen horizon-tal. In der „ursprünglichen" Form der Tabelle sollen die markierten Zellen verbunden wer-den:

Quelltext	Browseransicht

``html
<table border="1">
  <tr>
    <td>Zelle 1</td>
    <td>Zelle 1a</td> (diese Zelle fällt beim Verbinden weg)
  </tr>
  <tr>
    <td>Zelle 2</td>
    <td>Zelle 3</td>
  </tr>
</table>
``
	Zelle 1 | Zelle 1a
	Zelle 2 | Zelle 3

Mit dem Attribut „colspan" werden die beiden obersten Zellen horizontal verbunden:

Quelltext	Browseransicht

``html
<table border="1">
  <tr>
    <td colspan="2">Zelle 1</td>
  </tr>
  <tr>
    <td>Zelle 2</td>
    <td>Zelle 3</td>
  </tr>
</table>
``
	Zelle 1
	Zelle 2 | Zelle 3

Das Attribut „rowspan" verbindet Zellen vertikal. In der „ursprünglichen" Form der Tabelle sollen die markierten Zellen verbunden werden:

Quelltext	Browseransicht
```<table border="1"> <tr> <td>Zelle 1</td> <td>Zelle 1a</td> </tr> <tr> <td>Zelle 2</td> (diese Zelle fällt beim Verbinden weg) <td>Zelle 3</td> </tr> </table>```	Zelle 1 — Zelle 1a / Zelle 2 — Zelle 3

Mit dem Attribut „rowpan" werden die beiden linken Zellen vertikal verbunden:

Quelltext	Browseransicht
```<table border="1"> <tr> <td rowspan="2">Zelle 1</td> <td>Zelle 1a</td> </tr> <tr> <td>Zelle 3</td> </tr> </table>```	Zelle 1 — Zelle 1a / Zelle 3

Die Attribute „colspan" und „rowspan" lassen sich auch beliebig kombinieren. Hier ein Beispiel:

„ursprüngliche" Form der Tabelle (die markierten Zellen sollen verbunden werden):

Quelltext	Browseransicht
```<table border="1"> <tr> <td>Zelle 1</td> <td>Zelle 1a</td> (diese Zelle fällt beim Verbinden weg) </tr> <tr> <td>Zelle 2</td> <td>Zelle 3</td> </tr> <tr> <td>Zelle 2a</td> (diese Zelle fällt beim Verbinden weg) <td>Zelle 4</td> </tr> <tr> <td>Zelle 2b</td> (diese Zelle fällt beim Verbinden weg) <td>Zelle 5</td> </tr> </table>```	Zelle 1 — Zelle 1a / Zelle 2 — Zelle 3 / Zelle 2a — Zelle 4 / Zelle 2b — Zelle 5

Zellen verbinden

durch Spans gestaltete Tabelle:

Quelltext	Browseransicht
```<table border="1"> <tr> <td colspan="2">Zelle 1</td> </tr> <tr> <td rowspan="3">Zelle 2</td> <td>Zelle 3</td> </tr> <tr> <td>Zelle 4</td> </tr> <tr> <td>Zelle 5</td> </tr> </table>```	Zelle 1 / Zelle 2 / Zelle 3 / Zelle 4 / Zelle 5

Aufgabe 30: Eine Tabelle mit Spans erzeugen

1. Gib den Quelltext für folgende Tabelle an. Trage pro freie Zeile eine Zeile Quelltext (in der Regel einen Befehl) ein.

Wie sieht diese Tabelle wohl aus?		

\<table\>

\</table\>

Hinweis: Programmiere zunächst die Tabelle wie oben abgebildet im Editor und übertrage dann den Quelltext auf dieses Blatt.
Überlege dir zuerst, wie viele Zellen pro Zeile und Spalte in der ursprünglichen Tabelle vorhanden sind. Verbinde dann die Zellen wie vorgegeben.

Zellen verbinden

2. Gib den Quelltext für diese Tabelle an. Trage pro freie Zeile eine Zeile Quelltext (in der Regel einen Befehl) ein.

Wie sieht diese Tabelle wohl aus?		

<table>

</table>

Hinweis: Programmiere zunächst die Tabelle wie oben abgebildet im Editor und übertrage dann den Quelltext auf dieses Blatt.
Überlege dir zuerst, wie viele Zellen pro Zeile und Spalte in der ursprünglichen Tabelle vorhanden sind. Verbinde dann die Zellen wie vorgegeben.

Aufgabe 31: Ein HTML-Dokument mit einer Tabelle layouten

Öffne die Datei „aufgabe 31.pdf". Erstelle eine HTML-Datei, die der Abbildung in der pdf-Datei entspricht.

Hinweis: Die Grafiken „logo.gif" und „schule.jpg" findest du im Ordner „A31". Benutze den Span-Befehl, um Zellen zu verbinden. Die Links auf der linken Seite sollen das Dokument „ziel.html" in einem separaten (neuen) Fenster öffnen. Auch die Datei „ziel.html" findest du im Ordner „A31".

Literaturverzeichnis

Brauner, Detlef J.; Raible-Besten, Robert; Weigert, Martin M.: Internet-Lexikon. München, Wien: Oldenbourg, 1997.

Broy, Manfred (Hrsg.); Spaniol, Otto (Hrsg.): VDI-Lexikon Informatik und Kommunikations-technik. 2. erw. und neu bearb. Aufl. Berlin u. a.: Springer, 1999.

Bürger, Michael; Schnitker, Michael: <html> 4. XHTML, DHTML, CCS, CGI, Java, Java Script, XML. Düsseldorf: DATA BECKER,2000.

Fitzek, Herbert; Salber, Wilhelm: Gestaltpsychologie. Geschichte und Praxis. Darmstadt: Wissenschaftliche Buchgesellschaft, 1996.

Frisch, W.; Hölzel, H.-J.; Lintermann, F.-J.; Schaefer, U.: Basiswissen IT-Berufe. Vernetzte IT-Systeme. Köln: Stam Verlag, 2001.

Gieseke, Wolfram: Das große Internet-Handbuch. Düsseldorf: DATA BECKER, 2000.

Kühner, Anja; Sturm, Thilo: Das Medien-Lexikon. Fachbegriffe von A Z aus Print, Radio, TV und Internet. Landsberg am Lech: Verlag Moderne Industrie, 2000.

Lankau, Ralf: Webdesign und -publishing. Grundlagen und Designtechniken. 2., aktualisierte Auflage. München, Wien: Hanser Verlag, 2000.

Lankau, Ralf: Webdesign und -publishing. Projektmanagement für Websites. München, Wien: Hanser Verlag, 2000.

Lienemann, Gerhard: TCP/IP-Grundlagen. Protokolle und Routing. 2., aktual. und erw. Auflage. Hannover: Heise, 2000.

Mevenkamp, Andreas; Kerner, Martin: Akzeptanzorientierte Gestaltung von WWW-Informationsangeboten. AP-Nr. 98/13. Braun-schweig: Institut für Wirtschaftswissenschaften der Technischen Universität Braunschweig, 1998.

Nolden, Mathias; Franke, Thomas: Das Internetbuch. 3., überarb. Auflage. (1. Aufl. 1995). Düsseldorf: SYBEX-Verlag, 1998.

RRZN: Internet. Eine Einführung in die Nutzung der Internet-Dienste. 6., veränd. Aufl. (1. Aufl. 1995). Hannover: RRZN/Universität Hannover, 1998.

Scheller, Martin; Boden, Klaus-Peter; Geenen, Andreas; Kampermann, Joachim: Internet: Werkzeuge und Dienste. Von „Archie" bis „World Wide Web". Berlin, Heidelberg: Springer, 1994.

Sittek, Dietmar: Das Internet-Lexikon. Begriffe, Abkürzungen, Slang enträtselt und erläutert. München: DTV, 1997.

SPIEGEL-Verlag (Hrsg.): Online Offline. Nutzer-Typologie. Hamburg: SPIEGEL-Verlag, 1997.

Sturm, Robert; Zirbik, Jürgen: Lexikon elektronische Medien. Radio Fernsehen Internet. Konstanz: UVK Medien, 2001.

Veen, Jeffrey: Webdesign. Konzept, Gestalt, Vision. München: Markt+Technik, 2001.

Wirth, Thomas: Missing links. // Über gutes Webdesign //. München, Wien: Hanser Verlag, 2002.

Zimbardo, Philip G.; Gerrig, Richard J.: Psychologie. Philip G. Zimbardo; Richard J. Gerrig: Bearb. und hrsg. von Siegfried Hoppe Graf. 7. neu übers. und bearb. Aufl. Berlin [u. a.]: Springer, 1999.

Abkürzungsverzeichnis

ASCII	American Standard Code forInformation Interchange	8-bit (→Bit) Binärcode (→Binärcode), dessen erste 128 Zeichen dem ANSI-Zeichensatz (American National Standards Institute, ähnlich dem deutschen DIN) entsprechen
Bit	binary digiT	Binär-Ziffer (→Binärcode), die kleinste Informationseinheit in einem Computer. Üblicherweise werden mehrere Bits in entsprechenden Codes bzw. Verfahren zu größeren Einheiten zusammengefasst (byte) (→Byte)
CGI	Common Gateway Interface	Standardschnittstelle, um Daten zwischen (Datenbank-) Server und Benutzer auszutauschen
CSS	Cascading StyleSheet	ein Dokument, welches die Eigenschaften von Bildschirm- und Druckelementen (im WWW (→WWW): von HTML-Dokumenten (→HTML)) steuert
DHTML	dynamisches HTML	sich selbstständig anpassende Webseitengestaltung
DOS	Disk Operating System	das Betriebssystem bei PCs (→PC)
E-Mail	electronic mail	dt. Elektronische Post; Papierlose, rein elektronische Kommunikationsform im Online-Bereich (→online)
FTP	File Transfer Protocol	Protokoll (→Protokoll) zur Dateiübertragung im Internet
GIF	Graphic Interchange File Format	ein stark komprimierendes Dateiformat für Bilder und Grafiken
HTML	HyperText Markup Language	Seitenbeschreibungssprache im Internet
HTTP	HyperText Transport Protocol	dieses Protokoll (→Protokoll) legt fest, in welcher Weise ein WWW-Server (→WWW, →Server) mit einem Web-Browser (→Browser) kommuniziert; HTTP enthält auch die Definition der Seitenadresse von HTML-Seiten (→HTML)
IE	Internet Explorer	Browser (→ Browser) der Firma Microsoft
JPEG; JPG	Joint Photographic Expert Group	Zusammenschluss von Experten, die einen Standard zur Komprimierung und Kodierung von Einzelbildern (Standbildern) bei Multimedia-Anwendungen entwickelten; Bild-Dateien im JPEG-Format haben eine Kompressionsrate von bis zu 20:1
KB	KiloByte	1024 Bytes (→Byte)
LAN	Local Area Network	Lokales Netzwerk (→Netzwerk) von geringer räumlicher Ausdehnung (Abteilung, Gebäude, Grundstück)

MAC	MacIntosh	ein Personalcomputer der Firma Apple, Konkurrenzgerät zu Industriestandard-PCs, vorwiegend im Multimedia-Bereich (Grafik-anwendugen, Audio)
PC	Personal Computer	ein persönlicher Computer (im Unterschied zu einem großen System, das allen zur Ver-fügung steht); meist wird die Bezeichnung für die von der Firma IBM 1981 auf den Markt gebrachten Computer (PC-XT) sowie deren Weiterentwicklungen, Abwandlungen und Clones gebraucht
PDF	Portable Document Format	von Adobe entwickelter Seitenbeschrei-bungs-Standard
PHP	Personal HomePage Tools; auch „PHP: Hypertext Preprocessor"	Programmiersprache für das WWW (→WWW)
PNG	Portable Network Graphic	Grafikformat, das wie GIF-Dateien (→GIF) durch Kompression zu kleinen Dateien führt, wird allerdings noch nicht von allen Brow-sern (→Browser) unterstützt
SQL	Structured Query Language	ist eine Sprache zur Datendefinition und -manipulation für relationale Datenbanksys-teme
TCP / IP	Transmission Control Protocol / Internet Protocol	zwei Übertragungsprotokolle in Netzwerken (→Netzwerk); (auch Internet)
UDP	User Datagram Protocol	Übertragungsprotokoll in Netzwerken (→Netzwerk); (auch Internet)
WAN	Wide Area Network	großflächiges Netzwerk (→Netzwerk); ein über eine große Fläche angelegtes Netz-werk, verbindet oft mehrere verstreute LANs (→LAN)
WWW	World Wide Web	Weltumspannendes Netzwerk (→Netzwerk); das WWW bietet Daten, Programme, Infor-mationen, die über Internet verfügbar sind
XML	Extensible Markup Language	zu HTML (→HTML) ähnliche Programmier-sprache, die den Vorteil hat, dass eigene Tags (→Tag) und Attribute definiert werden können. XML setzt die Verwendung von Style Sheets (→CSS) voraus.

Glossar

A

Administrator — Systemverwalter; der leitende Organisator eines Netzwerksystems (→Netzwerk)

B

Backup — dt. sichern, Datensicherung

binäre Codierung — →Binärcode

Binärcode — engl. binary code; ein Code, dessen Zeichenvorrat in binären Zeichenketten (Reihen aus 0 und 1) verschlüsselt ist

Browser — engl. browse, dt. schmökern, blättern, umherstreifen; Computerprogramm, mit dem man sich im WWW (→WWW) bewegen kann

Byte — mehrere Bits (→Bit), die zu einem binären Element zusammengefasst werden; die Bezeichnung galt ursprünglich für Elemente unterschiedlicher Bit-Länge, heute wird sie nur noch für 8-Bit-Bytes (ein „octet") verwendet. Ein Byte kann 256 verschiedene Zustände annehmen bzw. 256 verschiedene Zeichen oder Zahlen repräsentieren.

C

Cascading Style Sheet — kurz: CSS; ein CSS ist ein Dokument, welches die Eigenschaften von Bildschirm- und Druckelementen (im WWW (→WWW): von HTML-Dokumenten (→HTML)) steuert; so können beispielsweise Links als nicht-unterstrichen (die Unterstreichung ist Standard) oder in einer besonderen Schrift dargestellt werden. Der Vorteil: anstatt vor jedem Link (→Hyperlink) mit einem HTML-Tag (→Tag) die Schriftart oder -farbe zu ändern, wird dies einmal in einem CSS gemacht, und diese Änderung gilt für das gesamte HTML-Dokument.

Client — dt. Kunde, Klient; Bezeichnung für Computer (innerhalb eines Netzes (→Netzwerk)) oder Programme, die von einem anderen Computer oder Programm (Server (→Server)) Leistungen anfordern

Common Gateway Interface — kurz: CGI ; Standard für die Kopplung von Server- und sonstigen Programmen (→Server); ein nach dem CGI-Standard auf einem Server ablaufendes Programm, das zur Steuerung von Aktivitäten des Servers (bzw. zur Steuerung von Server- Programmen) eingesetzt wird. Am weitesten verbreitet sind CGIs, die zwischen einem HTTP-Client (→HTTP, →Client) (einem WWW-Browser (→WWW, →Browser)) und einem Server vermitteln. Der Start eines CGIs wird hierbei per Hyperlink (→Hyperlink) aus einem HTML-Dokument (→HTML) heraus veranlasst, wobei meist Parameter (Formularinhalte etc.) übergeben werden. Solche Client-Anfragen werden vom CGI interpretiert und zur dynamischen Generierung von Serverausgaben verwendet.

Corporate Identity — dt. Unternehmens-Identität; ein Unternehmen/eine Institution legt seine/ihre Philosophie und ein einheitliches Erscheinungsbild nach innen (unternehmensintern) und außen fest

D

Dynamisches HTML — engl. dynamic HTML; eine Webseite, die mit Dynamic HTML geschrieben wurde, passt sich individuellen Werten wie einem Benutzerprofil an, es lassen sich z.B. Objekte durch genaue Zielangaben exakt positionieren, unabhängig von der vom Betrachter gewählten Auflösung

Download — Herunterladen von Programmen oder Daten, die auf einem anderen Rechner gespeichert sind, auf den eigenen Rechner

Domain — Teilnetz in einer größeren Netzwerkumgebung

Durchschuss — Zeilenabstand; Raum zwischen zwei Zeilen

E

Editor
Programm zum Bearbeiten von beispielsweise Textdokumenten (Text-Editor)

Einsprungmarke (zentrale)
Hyperlink (→Hyperlink) innerhalb eines HTML-Dokuments (→HTML); z. B. ein Inhaltsverzeichnis, das durch Anklicken auf die gesuchte Stelle im Text verweist

F

Feature
dt. Merkmal, Besonderheit, Charakteristikum; ein bestimmtes Ausstattungsmerkmal, also eine spezielle Fähigkeit, Funktion oder Funktionsweise eines Programms

Flash
Dateiformat für Multimedia-Anwendungen ähnlich Shockwave (→Shockwave)

Frame
dt. Rahmen; ein von anderen Frames unabhängiger Teilbereich eines Browserfensters (→Browser), in dem sich Daten in Form von Text oder Grafik befinden. Innerhalb eines Frames befindet sich ein Dokument in der Programmiersprache HTML (→HTML). Nur Web-Browser neueren Ursprungs (z. B. Netscape Navigator ab Version 2, Internet Explorer ab Version 3) sind in der Lage, Seiten mit Frames anzuzeigen. Die Aufgabe von Frames ist es, Informationen übersichtlicher darzustellen.

Framesets
definieren, auf welche Weise eine Seite mittels Frames (→Frame) aufgebaut ist

G

Gateway
dt. Übergang, Durchgang; Übergang zwischen zwei Netzwerken (→Netzwerk), z. B. zwischen einem Netzwerksystem (LAN) (→LAN) und dem Internet.

H

Hardware
bei Rechnersystemen die Gesamtheit der technischen Komponenten, aus denen sie aufgebaut sind (z. B. Hauptspeicher, Ein- / Ausgabegeräte, Datenübertragungseinrichtungen)

Highlighting
dt. Hervorhebung

Homepage
die Eingangsseite zu einer Website (→website)

Host
verbreitete Bezeichnung für Server (Server)

Hyperlink
Querverweis von einer Hypertext-Seite (→Hypertext) auf eine andere oder innerhalb einer Hypertext-Seite. Durch einen Mausklick wird die Seite gewechselt. Im Internet werden so WWW-Seiten (→WWW), die auf den verschiedensten, weltweit verteilten Web-Servern (→Server) liegen können, vernetzt. Meist werden sie mit dem Kurzwort Link bezeichnet.

Hypertext
Elektronischer Text, der einen assoziativen und keinen linearen Aufbau besitzt. Informationen sind in zusammenhängenden Kontexten miteinander verknüpft. Dadurch wird dem Leser ein intuitives Springen von einem Informationsangebot zum nächsten ermöglicht. Dies geschieht durch Hyperlinks (→Hyperlinks). Der Begriff Hypertext wurde 1968 von Ted Nelson geprägt. 1989 übernahm Tim Berners-Lee das Konzept des Hypertextes für das WWW (→WWW). Hypertextanwendungen kommen nicht nur im WWW vor. Auch einfache Dokumente in Textverarbeitungsprogrammen können beispielsweise interne Querverweise besitzen, viele Hilfen von Windows-Programmen sind als Hypertext aufgebaut.

Hypertext Markup Language
kurz: HTML; diese Seitenbeschreibungssprache wird im Internet für das WWW (→WWW) benutzt. Neben dem eigentlichen Text enthält eine HTML-Datei so genannte Tags (→Tag), also bestimmte Kennungen, die das Anzeigeformat des Textes festlegen (z. B. große Überschriften, fetter Text, Tabellendefinition). Die Möglichkeiten, einen Text zu formatieren, entsprechen im Wesentlichen denen eines modernen Textverarbeitungsprogramms. Hinzu kommen Hyperlinks (→Hyperlink), die einen assoziativen Aufbau nach dem Hypertext-Prinzip (→Hypertext) ermöglichen.

I

Icon — grafisches Symbol, Piktogramm, das Funktionen anzeigt, die im WWW (→WWW) oft auf Links (→Hyperlink) verweisen

Indexseite — Einzelseite der Website (→website) mit dem Titel index.htm(l); →Homepage

Internetprovider — Anbieter eines Internetzugangs

L

Layout — dt. ausbreiten, herrichten; fachsprachlich: die Gestaltung einer Seite mit allen inhaltlichen Bestandteilen, dazu gehören u.a. Schrift, Grafik, Bilder und Farben

Link — →Hyperlink

M

Mail — →E·Mail

N

Netzwerk — engl. network; mehrere Computer sind per Übertragungsleitung miteinander verbunden; daher kann zwischen ihnen kommuniziert werden. Das größte Computernetz ist das WWW(→WWW).

O

offline — auch off line; ohne Verbindung, abgeschaltet nicht (mehr) im Netz (→Netzwerk)

online — auch on line; in Verbindung, angeschaltet bzw. im Netz (→Netzwerk)

P

Pixel — Kunstwort aus engl. picture element; ein einzelner Bildpunkt auf dem Computerbildschirm

Protokoll — engl. protocol ; alle für den Ablauf einer Kommunikation notwendigen Festlegungen, also Vereinbarungen über Datenstrukturen (Datei- oder Datenpaketaufbau, Codierung), Steuerungs- und Sicherungsmechanismen, die benötigte Hard-und Softwarefunktionalität (→Hardware, →Software), die physikalischen Eigenarten der Träger oder der Übertragung etc; man unterscheidet bei Protokollen beispielsweise nach Funktionsbereichen, so z. B. Internet-Protokolle, die die Kommunikation der Rechner im Internet ermöglichen

Provider — →Internetprovider

Q

Quellcode — auch Primärcode; Programmcode in der ursprünglichen vom Programmierer eingegebenen Form (vor der Übersetzung in den Binärcode (→Binärcode))

S

Shockwave — Dateiformat für Multimedia-Anwendungen wie Animationen und Videos

scrolling — engl. screen rolling; Bildschirmrollen, Verschiebung des Bildschirminhalts (bei Textdarstellung) um eine Zeile nach oben oder unten

Seite — Einzelseite einer Website (→website); auch die gesamte Website

Server — engl. serve = dienen; zentraler Rechner, der innerhalb eines Computer-Netzwerkes (→Netzwerk) bestimmte Dienstleistungen erbringt; ugs. werden Server oft nach ihrer Funktion bezeichnet: Datei-Server, Datenbank-Server, Mail-Server (→E ·Mail), Name-Server, WWW-Server (→WWW).

Software — Menge von Programmen oder Daten zusammmen mit begleitenden Dokumenten, die für ihre Anwendung notwendig oder hilfreich sind

Spiegelserver — ein Server (→Server), der die Daten eines anderen oder mehrerer anderer Server vorrätig hält, um häufig benötigte Daten schneller zur Verfügung stellen zu können

Startseite	im Regelfall zuerst geöffnete Einzelseite der Website (→Website); →Homepage surfen bedeutet im Internet-Zusammenhang in erster Linie: sich im World Wide Web (→WWW) zwischen einzelnen Web-Seiten zu bewegen. Im WWW zu surfen bedeutet auch vielfach, nach Informationen zu suchen bzw. sich unterhalten zu lassen.
surfen	bedeutet im Internet-Zusammenhang in erster Linie: sich im World Wide Web (→WWW) zwischen einzelnen Web-Seiten zu bewegen. Im WWW zu surfen bedeutet auch vielfach, nach Informationen zu suchen bzw. sich unterhalten zu lassen.
Surfer	→surfen

T

Tag	dt. Markierung; Bezeichnung für die HTML-Befehle (→HTML) in HTML-Dokumenten, ein in Winkelklammern „<>" eingeschlossenes Sprachelement, beispielsweise Formatierungsanweisungen
Thumbnail	dt. Daumennagel; Bezeichnung für die kleinere Vorschauversion eines im WWW abgelegten Bildes
Transmission Control Protocol / Internet Protocol	kurz: TCP/IP; wie der Name verrät, handelt es sich um zwei Übertragungsprotokolle (! Protokoll) in einem. Programme, die für die Funktionalität von Internet-Diensten verantwortlich sind, basieren auf diesem Protokoll. TCP/IPs finden auch in LANs (→LAN) und WANs (→WAN) Verwendung.
Tutorial	Lernprogramm, bei dem ein Tutor den Benutzer anleitet

U

Unix	von Bell Laboratories/AT&T entwickeltes Multiuser-Betriebssystem, dass vor allem im Großrechnerbereich eingesetzt wird. Im Internet werden sehr viele Hosts (→Server) unter einer der Unix-Varianten betrieben, da TCP/IP-Funktionen (→TCP/IP) bereits im Betriebssystem implementiert sind.
Update	dt. die aktuelle Version eines Programms; auch Aktualisierung

W

website	auch Webseite; virtueller Ort im Internet, an dem sich eine Gruppe zusammengehöriger HTML-Dokumente (→HTML) befindet

Z

Zip-Datei	eine komprimierte Datei; umfangreiche Dateien werden für den Download (→Download) häufig komprimiert (gezippt) zur Verfügung gestellt

Besser mit Brigg Pädagogik!
Ausgearbeitete Unterrichtsmodelle für Informatik!

Informatix XP 1	**Informatix XP 2**	**Informatix XP 3**	**Informatix XP 4**	**Informatix 1 Vista**
54 S., DIN A4, Kopiervorlagen mit Lösungen	66 S., DIN A4, Kopiervorlagen mit Lösungen	72 S., DIN A4, Kopiervorlagen mit Lösungen	84 S., DIN A4, Kopiervorlagen mit Lösungen	56 S., DIN A4, Kopiervorlagen mit Lösungen
Best.-Nr. 250	Best.-Nr. 251	Best.-Nr. 252	Best.-Nr. 453	Best.-Nr. 454

Doris Neuhofer / Walter Neuhofer

Informatix XP

Kopiervorlagen mit Lösungen

Die Kopiervorlagen *Informatix* garantieren einen problemlosen Informatikunterricht. Die komplett ausgearbeiteten Stundenmodelle decken den Jahresstoff in den **Jahrgangsstufen 5 bis 7** ab. Die Bände gliedern sich in einen kleinen Theorieteil zu Aufbau und Funktionsweise des Computers, einen Praxisteil mit Aufgaben zum Umgang mit den Anwenderprogrammen sowie zahlreichen Kopiervorlagen mit Lösungen zur Überprüfung des erworbenen Wissens. Damit sparen Sie jede Menge Vorbereitungszeit.

Inhalt Band 1: PC-Grundkenntnisse

Inhalt Band 2: MS Word, MS Excel, Einfügen von Grafiken, Formatieren von Tabellen, Gestalten von Glückwunschkarten u. v. m.

Inhalt Band 3: Arbeiten mit MS Excel und MS PowerPoint, Gestaltung von Diagrammen, Erstellung von Präsentationen, Rechnen mit einfachen Funktionen u. v. m.

Inhalt Band 4: Was versteht man unter „Internet"?; Was ist ein Datenbankprogramm?; Wir wollen Informationen suchen; Wir wollen ein E-Mail-Konto einrichten; Wir wollen E-Mails lesen, verschicken, beantworten, verwalten; Wir wollen einen Serienbrief schreiben; Wir wollen Tabellen erstellen u. v. m.

Informatix 1 Vista

Der Band für den Einstieg in die Computerwelt vermittelt **in Theorie und Praxis PC-Grundkenntnisse für den Informatikunterricht.** Erklärt werden die Teile eines Computers und deren Bedienung. Das Zeichenprogramm Paint ermöglicht einen ersten Kontakt zu Computerprogrammen. Ein weiterer Schwerpunkt des Bandes thematisiert das Schreiben am PC mit dem Editor, den Umgang mit Dateien und Ordnern. Damit können sich auch fachfremd unterrichtende Lehrkräfte schnell und spielend leicht mit den nötigen Kenntnissen vertraut machen.

Bestellcoupon

Ja, bitte senden Sie mir / uns mit Rechnung

_____ Expl. Best.-Nr. _____

_____ Expl. Best.-Nr. _____

_____ Expl. Best.-Nr. _____

_____ Expl. Best.-Nr. _____

Meine Anschrift lautet:

Name / Vorname

Straße

PLZ / Ort

E-Mail

Datum/Unterschrift   Telefon (für Rückfragen)

Bitte kopieren und einsenden/faxen an:

**Brigg Pädagogik Verlag GmbH
zu Hd. Herrn Franz-Josef Büchler
Zusamstr. 5
86165 Augsburg**

☐ Ja, bitte schicken Sie mir Ihren Gesamtkatalog zu.

Bequem bestellen per Telefon / Fax:
Tel.: 0821 / 45 54 94-17
Fax: 0821 / 45 54 94-19
Online: www.brigg-paedagogik.de